Historiografia, morte e imaginário

Estudos sobre racionalidades e sensibilidades políticas

CONSELHO EDITORIAL

Ana Paula Torres Megiani

Eunice Ostrensky

Haroldo Ceravolo Sereza

Joana Monteleone

Maria Luiza Ferreira de Oliveira

Ruy Braga

Historiografia, morte e imaginário

Estudos sobre racionalidades e sensibilidades políticas

Douglas Attila Marcelino

Copyright © 2017 Douglas Attila Marcelino
Grafia atualizada segundo o Acordo Ortográfico da Língua Portuguesa de 1990, que entrou em vigor no Brasil em 2009.

Edição: Haroldo Ceravolo Sereza
Editora assistente: Larissa Polix
Projeto gráfico, diagramação e capa: Danielly de Jesus Teles
Assistente acadêmica: Bruna Marques
Revisão: Alexandra Colontini
Imagens da capa: Antoine Wiertz, *Os gregos e os troianos disputando o corpo de Pátroclo*, óleo sobre tela, 1844.

CIP-BRASIL. CATALOGAÇÃO-NA-FONTE
SINDICATO NACIONAL DOS EDITORES DE LIVROS, RJ
M263H

Marcelino, Douglas Attila
Historiografia, morte e imaginário : estudos sobre racionalidades e sensibilidades políticas / Douglas Attila Marcelino. -- 1. ed. -- São Paulo : Alameda, 2017
IL; 21 CM

Inclui bibliografia
ISBN: 978-85-7939-463-8

1. História - Filosofia. 2. História - Metodologia. I. Título

17-41401   CDD: 901

                                    CDU: 930.1

ALAMEDA CASA EDITORIAL
Rua 13 de Maio, 353 – Bela Vista
CEP 01327-000 – São Paulo, SP
Tel. (11) 3012-2403
www.alamedaeditorial.com.br

para Ana Paula,
para meus pais

Nota explicativa

Este livro foi elaborado a partir de reflexões produzidas desde, pelo menos, o término de minha tese de doutorado, em 2011 (publicada em 2015, após algumas modificações, sob o título *O corpo da Nova República: funerais presidenciais, representação histórica e imaginário político*. Rio de Janeiro: FGV, 2015). O período de um ano, entre fevereiro de 2012 e janeiro de 2013, durante o qual atuei como bolsista de pós-doutorado da Capes (PNPD) no PPGH/UFRRJ, foi importante para a elaboração de algumas ideias posteriormente desenvolvidas. Naquele ano, fiquei sob supervisão do prof. Dr. Fábio Henrique Lopes, lecionando na graduação em História e participando das atividades do "Histor – Núcleo de Pesquisas sobre Teoria da História e Historiografia (UFRRJ)". Formulações aqui contidas se beneficiaram das discussões produzidas no grupo de pesquisas "Ritualizações do poder e do tempo: historiografia, ritos de recordação e práticas cívicas", sob minha coordenação na UFMG desde 2013. O "Projeto Brasiliana", coordenado pela profa. Dra. Eliana de Freitas Dutra, também na UFMG, foi outro espaço relevante de discussão. Muito importante foi o desenvolvimento do projeto de pesquisa "Ritos de consagração cívica na passagem do Império à República: os funerais de 'homens de letras'", financiado pelo CNPq entre dezembro de 2013 e dezembro de 2015. Mais recentemente, a pesquisa se beneficiou de uma estadia de dois meses na Universidade de Coimbra, entre 4 de janeiro e 4 de março de 2016, por meio de uma bolsa de pesquisa do "Programa Santander de Bolsas Ibero-Americanas para Jovens Professores e Pesquisadores", pela qual fiquei sob supervisão dos professores Dr. Fernando Catroga e Dra. Joana Duarte Bernardes. Aquele foi um momento importante de aprimoramento da pesquisa, não apenas pelo contato com os acervos da instituição, mas pelos encontros e trocas intelectuais com ambos os pesquisadores, que foram sempre muito gratificantes. Agradeço, especialmente, ao professor Fernando Catroga, pela enorme generosidade e disponibilidade de compartilhar seus conhecimentos. Destaque-se que possíveis incorreções na interpretação de seus textos, que foram também objeto de análise neste livro, são de minha total responsabilidade, da mesma forma que quaisquer possíveis equívocos presentes na interpretação de outros autores deste estudo. Ressalte-se ainda que versões preliminares de alguns textos que compõem esta pesquisa foram publicadas em revistas especializadas, conforme devidamente indicado nos capítulos respectivos. Por fim, agradeço à Pró-Reitoria de Pesquisa da UFMG, pelo auxílio obtido para esta publicação.

Sumário

- 7 — Nota explicativa
- 11 — Prefácio: Sobre o saber da ausência ou das formas da poética
- 15 — Introdução
- 37 — Parte I: Culto dos mortos e escrita da história na ordem do tempo
- 39 — Estudos sobre a Antiguidade: representações do poder, imaginário político e narrativa histórica em Vernant, Loraux e Hartog
- 53 — Estudos sobre a Modernidade: Iluminismo, morte violenta e ritualizações da história em Bonnet, Koselleck e Catroga
- 89 — Sobre os funerais públicos, emoções e afetividades políticas nos séculos XIX e XX: Emmanuel Fureix e Jacques Julliard

97	Parte II: Sobre o culto dos mortos em perspectiva interdisciplinar: história, antropologia, filosofia política e poética do saber
99	Ritual político e a representação histórica: o "retrato do rei" de Louis Marin e o problema do elogio na época moderna
109	A morte do rei e a "poética do saber" de Jacques Rancière
119	Sobre a morte em Michelet e o problema da democracia: diálogos críticos com Claude Lefort e Pierre Bourdieu
129	Considerações finais: entre uma "poética da ausência" (Catroga) e uma "poética do saber" (Rancière)?
135	Referências bibliográficas

Prefácio

Sobre o saber da ausência ou das formas da poética

> Filha: Pai, o que é um cemitério?
> Pai: Filha, é o lugar dos mortos.
> Filha: Dos outros?
> Pai: Dos ausentes.
> (Nulisseu, *Questões*, 2016)

A morte comporta em si uma acolhida. Ao mesmo tempo que é uma perda, um desaparecimento, é também passado e memória. Por isso, o sepultamento anônimo ou o insepulto é uma ignomínia. Em sua permanência residem rastros de vida e no limite lembranças, mas não necessariamente história. A morte é o que falta à história. Como diria Paul Ricœur é o ausente no discurso historiográfico. Paradoxalmente, é sobre essa fisionomia da condição humana que os historiadores mais escrevem. Seriam eles guardiões ou administradores dos bens dos mortos, como pensava Jules Michelet servindo-se do exemplo de Camões? Em certo sentido, a conversão da ausência em presença é uma prática historiográfica análoga ao gesto escriturário do rito social do sepultamento e do trabalho de luto. Ressuscitar o passado e devolvê-lo como história, eis a magia do historiador!

À vista disto, a ontologia do poder-ser/poder-morrer de Heidegger tem para os historiadores uma longa duração. Nela a morte e suas figurações relacionam-se à experiência da história. Sob este prisma, a guerra e a violência, figuras gêmeas da historicidade definida pela morte, constituem um catálogo de destruição e de desespero, cujas tragédias antigas e contemporâneas são as principais testemunhas. A disposição do homem para suprimir seu semelhante é talvez mais constitutiva da história humana que o caráter inelutável da morte. A guerra atinge "os lugares mais secretos do coração humano, lugares em que o ego dissolve os propósitos racionais, onde reina o orgulho, onde a emoção é suprema, onde o instinto é rei", ensina John Keegan. Essa persistência lhe garantiu uma permanência julgada, com freqüência invulgar, imprescindível por contendores, mesmo em época de paz. Desse contexto, aparentemente inexorável, emerge um inesgotável rosário de justificativas para se matar. "Mãe e rainha de todas as coisas, que alguns transforma em deuses, outros em homens, que alguns escraviza e outros liberta", segundo a clássica sentença do filósofo pré-socrático Heráclito, as positividades que visam legitimar a morte através da guerra como práticas inevitáveis pertencentes à *natureza humana* não têm limites mensuráveis.

Longe, deste modo, de conotar apenas a infelicidade e a miséria da humanidade, a morte se imiscui na vida cotidiana como instrumento de ação política dos governos. *Guerras justas, guerras civilizadas, segurança nacional, bombardeios cirúrgicos* encontram-se amparadas neste tipo de concepção da morte. Não é por outra razão que Hannah Arendt afirma que as guerras e as revoluções constituem as duas questões políticas básicas do século XX, tendo por denominador comum a violência. O século XXI não parece até agora capaz de desmentir tal diagnóstico.

Além disso, a morte, sobretudo em tempos de guerra, é uma verdadeira fábrica de heróis, produtora de virtudes, de modelos a serem imitados. Destarte, à ideia antiga de que a alma dos mortos em guerra é mais pura do que a daqueles que morreram por doenças, como pensava Heráclito, desenvolve-se concomitantemente uma estética da morte. No medievo europeu, morrer em luta podia ser quase uma dádiva: "a morte no campo de batalha – escreve Ernest Kantorowicz – em defesa do *corpus mysticum* político encabeçado por um rei, que era um santo e, portanto, um paladino da justiça, tornava-se oficialmente 'martírio', equiparava-se ao auto-sacrifício dos mártires canonizados". Morrer pelo exército, pela pátria, pela nação, por uma ideologia, religiosa ou política, pouca importa, pode ser não apenas um exercício de coragem, um acaso lastimável, mas, como explica Jean Pierre Vernant, uma ação bela, como a morte de Heitor ou de Aquiles! Tolstói, em *Guerra e paz*, descreve a cena em que Napoleão ao encontrar o príncipe Bolkonski, no campo de batalha, deitado de costas, aparentemente morto, e apertando a haste da bandeira que tinha sido tomada como troféu pelos franceses, diz: "– Eis uma bela morte!".

Estas e outras questões envolvendo a semântica da morte na história são tratadas com erudição, competência e ousadia em *Historiografia, morte e imaginário: estudos sobre racionalidades e sensibilidades políticas* de Douglas Attila Marcelino. Trata-se de uma obra sem paralelo na historiografia brasileira, na qual o autor nos conduz pelos labirintos deste verdadeiro jardim de sombras que se constitui no outro lado da história mestra da vida. A originalidade do historiador é a de apresentar um assunto tão complexo e indissociável da condição histórica, por meio de uma análise crítica de uma plêiade de autores fundamentais à temática, de modo simultaneamente denso e cativante. A escrita, elegante e provocativa, do autor não dissimula um encontro com o próprio objeto, fazendo de sua maneira de pensar a historiografia um campo de saber no qual a ausência – a morte física, mítica, metafórica do passado – aproxima-se de formas de expressão que só uma poética da história pode representar. Douglas Attila Marcelino articula, portanto, os sopros frios e melancólicos exalados pelo discurso da morte de uma historiografia que se volta para seu antigo reflexo: a poética e seus modos de existência.

Porto Alegre – Lisboa, primavera de 2016.

Temístocles Cezar
Professor do Departamento de História – UFRGS
Bolsista do CNPq

Introdução[1]

> Os cemitérios não são como castelos de areia chamados a se dissolver. Eles são mais parecidos com rochas discretas sobre as quais vêm morrer, como sobre um quebra-mar, as ondas da história...[2]

Pode-se dizer que, embora a morte seja um fator sempre existente, sua compreensão como fundamento antropológico da con-

---

1 Uma versão inicial deste texto introdutório e do primeiro item da parte I foram publicados em MARCELINO, Douglas Attila. "Morte, historiografia, historicidade: sobre as formas do poder e do imaginário". *ArtCultura – Revista de História, Cultura e Arte*, Uberlândia, v. 19, n. 33, p. 143-158, jul.-dez. 2016.

2 URBAIN, Jean-Didier. *L'archipel des morts. Le sentiment de la mort et les dérives de la mémoire dans les cimitières d'Occident*. Paris: PLON, 1989. (Tradução livre).

dição humana somente foi possível pela construção de uma ordem simbólica determinada, que daria novo significado às práticas constitutivas daquilo que Arnold van Gennep chamou de "ritos de passagem" em seus estudos sobre os sentidos conferidos a momentos fundamentais da vida em coletividade.[3] Certa tendência à domesticação da morte, portanto, a tornaria parte não apenas de uma configuração do imaginário, mas também passível de tratamento por campos de saber cada vez mais especializados, tal como aconteceria com a filosofia, a antropologia, a sociologia, a psicanálise, a teoria literária, a biologia, a arquitetura, a história, entre outros.

Tal inserção numa ordem simbólica permitiu a elaboração de reflexões extremamente importantes no plano da filosofia, definindo um conjunto de estudos centrados na vinculação entre a experiência da morte e a busca de um sentido mais profundo para a existência humana. É o caso, em termos mais conhecidos, da "analítica existencial" heideggeriana e suas implicações para pensar o problema da historicidade, já que a relação antecipatória estabelecida com a própria morte, tomada pelo pensamento como iminente e inevitável, foi concebida como fundamento da autenticidade da vida humana.[4]

Num enfoque igualmente atento às suas implicações de natureza existencial humana, que parece repercutir a concepção de que a assunção da finitude permitiria ao sujeito se constituir como totalidade e recuperar sua liberdade, Gadamer caracterizou a morte como "honra ontológica do homem", pois, diferentemente de

---

3 GENNEP, Arnold van. *Les rites de passage*. Paris: Picard, 1981.

4 VILA-CHÃ, João J. A estrutura meta-ontológica do A-Deus: o dom da morte segundo Emmanuel Lévinas. In: BORGES-DUARTE, Irene. *A morte e a origem. Em torno de Heidegger e de Freud.* Lisboa: Centro de Filosofia da Universidade de Lisboa, 2008, p. 284-285. Conferir HEIDEGGER, Martin. *Ser e tempo.* Petrópolis: Vozes, 2014. BORGES, Anselmo. *Corpo e transcendência.* Coimbra: Almedina, 2011.

outros animais, ele a teria sempre por um enigma, ao qual jamais poderia renunciar.[5] Tida como "verdadeiro resultado e, nesse sentido, objetivo da vida", em Schopenhauer, a morte apareceria ainda, para Maurice Blanchot, como "a maior esperança do homem", "nossa parte mais humana", numa perspectiva pela qual nosso grande risco seria, na realidade, o da perda da própria "faculdade" de morrer.[6]

Elaborações produzidas na mesma época da obra máxima de Heidegger, não por acaso, também estabeleceram questionamentos sobre a técnica moderna como negação da experiência da morte, que se tornaria cada vez mais impessoal e indiferenciada.[7] O retorno ao tema, posteriormente, fundamentaria interrogações centradas não no lugar conferido à minha morte, mas àquela do outro.[8] O enfoque no próximo, do qual a morte não me é indiferente, revalorizaria o olhar antropológico, não obstante as reflexões sobre esse outro como

---

5 A noção de "honra ontológica do homem" foi retomada por Gadamer de uma frase de Guardini. GADAMER, Hans-Georg. "La mort comme question". In: MADISON, Gary Brent (dir.). *Sens et existence: en hommage a Paul Ricoeur*. Paris: Seuil, 1975, p. 21.

6 Segundo Schopenhauer, a morte manifestaria o sentido efêmero da existência humana, mas também o modo como a essência do homem perduraria intacta. SCHOPENHAUER, Arthur. *Sobre a morte. Pensamentos e conclusões sobre as últimas coisas*. São Paulo: Martins Fontes, 2013, p. 63 ss. Nas palavras de Blanchot: "a morte que se anuncia me causa horror, porque a vejo tal como é: não mais morte, mas a impossibilidade de morrer". BLANCHOT, Maurice. "A literatura e o direito à morte". In: ____. *A parte do fogo*. Rio de Janeiro: Rocco, 1997, p. 323-324.

7 SCHELER, Max. *Morte e sobrevivência*. Lisboa: Edições 70, 1993.

8 Tal como na preocupação de Jankélévitch acerca da morte em segunda e não em primeira ou terceira pessoa. JANKÉLÉVITCH, Vladimir. *La mort*. Paris: Flammarion, 1977, p. 31 ss. Uma crítica às concepções de Heidegger e Scheler, centrada justamente na valorização do tema da morte do outro como um "próximo", foi feita ainda nos anos 1930 pelo filósofo católico Paul Ludwig Landsberg. LANDSBERG, P. L. *Ensaio sobre a experiência da morte e outros ensaios*. Rio de Janeiro: Contraponto/Puc-Rio, 2009, especialmente, p. 15 ss.

um parente devam ser compreendidas em relação às conformações diversas que os sentimentos de pertença a coletivos adquiriram ao longo da história.[9]

Ainda na filosofia, portanto, uma série de interrogações procuraram redefinir as formas de tratamento da morte, colocando em questão "a redução de todo o humano à ontologia" e contrapondo um único sentido conferido ao fim da vida à pluralidade de significados que tal experiência poderia adquirir, já que o centro das reflexões se tornaria a preocupação com outrem.[10] Essa revalorização das dimensões ética e política no enfrentamento do tema abriria espaço para a convicção de que a experiência da morte deveria ser entendida considerando os mecanismos intersubjetivos por meio dos quais se estruturam historicamente as diversas formas de imaginário da morte.[11] Trata-se, por conseguinte, de uma valorização também do enfoque histórico, já que a relevância dada à existência humana como experiência coletiva permite enfatizar o fundamento linguístico dessa relação com o outro, a partir da qual desejos, expectativas

---

9 Para Jankélévitch, com a morte de um parente, desapareceria a última barreira biológica do homem. JANKÉLÉVITCH, Vladimir. *Penser la mort?* Paris: Liana Levi, 1994, p. 17. Sobre as mudanças nas formas de filiação (e, portanto, do sentimento de pertença à família) por meio de uma análise do culto dos mortos, conferir DÉCHAUX, Jean-Hugues. *Le souvenir des morts. Essai sur le lien de filiation*. Paris: PUF, 1997. Sobre a construção do sentimento de família, conferir também ARIÈS, Philippe. *História social da criança e da família*. Rio de Janeiro: Jorge Zahar, 1978.

10 LEVINAS, Emmanuel. *Dieu, la mort et le temps*. Paris: Grasset, 1993, p. 68. Levinas colocaria o outro no lugar da morte como origem de todo o sentido, contrapondo o nada ontológico que ela supostamente representaria em Heidegger ao enigma absoluto da diferença deste outro: "encontramos a morte no rosto de outrem" (*Ibidem*, p. 120; tradução livre). Conferir também LEVINAS, Emmanuel. *Totalité et infini: essai sur l'extériorité*. Paris: Kluwer Academic, 2001. ____. *Éthique et infini*. Paris: Fayard, 1994.

11 Para uma análise de diferentes concepções sobre o tema, centrada no problema ético e político da memória da guerra, conferir CRÉPON, Marc. *The thought of death and the memory of war*. Minneapolis: University of Minnesota Press, 2013.

e anseios em relação à morte assumem configurações específicas dentro de um horizonte determinado de temporalidade.[12]

Essas últimas reflexões no campo da filosofia, de fato, poderiam ser mais facilmente aproximadas do olhar sociológico sobre a morte, dentro do qual a obra de Norbert Elias é certamente fundamental, tendo em vista o estabelecimento de relações entre os sentidos conferidos às práticas de luto e as formas específicas de interdependência entres os indivíduos que caracterizariam uma configuração social historicamente determinada.[13] Entendendo o recalcamento e o encobrimento da finitude como uma reação provavelmente tão antiga quanto o pressentimento do homem acerca da sua própria morte, Elias ressaltou a capacidade imaginativa que singularizaria o humano como fundamento de uma reflexão próxima ao que se poderia chamar de estudo do imaginário da morte, valorizando mais os sentidos experimentados historicamente do que uma busca pelo verdadeiro significado do perecimento humano.[14]

---

12   Perspectiva da qual se aproximaria Paul Ricoeur, que valorizaria o imaginário e os sentidos construídos coletivamente para a morte do outro em seus últimos trabalhos, como em "Jusqu'a à la mort. Du deuil et de la gaieté" (o texto foi produzido por volta de 1996, mas publicado apenas postumamente, como a primeira parte do livro *Vivant jusqu'a à la mort suivi de Fragments*). É interessante notar, no caso do filósofo francês, que mais de um autor já identificou no tema da luta contra certo imaginário da morte o fundamento central de *La mémoire, l'histoire, l'oubli*, que retomava de escritos anteriores um diálogo crítico com a tendência supostamente solipsista presente na ontologia fundamental heideggeriana. WORMS, Frédéric. "Vie, mort et survie dans et après La Mémoire, l'Histoire, l'Oubli". In: DOSSE, François; GOLDENSTEIN, Catherine (dir.). *Paul Ricoeur: penser la mémoire*. Paris: Seuil, 2013, p. 135-147. CRÉPON, Marc. *Op. cit.*, p. 88. RICOEUR, Paul. "Até a morte. Do luto e do júbilo". In: ____. *Vivo até a morte, seguido de Fragmentos*. São Paulo: Martins Fontes, 2012, p. 1-51. ____. *La mémoire, l'histoire, l'oubli*. Paris: Seuil, 2000.

13   ELIAS, Norbert. *A solidão dos moribundos, seguido de Envelhecer e morrer*. Rio de Janeiro: Zahar, 2001.

14   *Ibidem*, p. 42-43 e p. 73, respectivamente.

Suas reflexões sobre as práticas de luto, nesse caso, somente podem ser compreendidas pelo vínculo estabelecido com as transformações nas formas públicas de expressão das emoções que teriam acompanhado o chamado "processo civilizador", tendo em vista os modos de autorregulação e controle instintivo exigidos pelas mudanças nas redes de relações que teriam tornado mais complexas e diferenciadas as sociedades ocidentais.[15] O crescente impulso à individualização, para Elias, seria correlato à maior transferência para o interior do indivíduo das pressões e conflitos externos, instilando padrões mais rigorosos de vergonha e embaraço que, ao mesmo tempo em que permitiriam um controle mais efetivo das paixões humanas, dificultariam a expressão pública de afetividades mais intensas, como no caso da dor pela perda que caracterizaria a morte como ameaça constantemente enfrentada pelo homem.

Essa crescente incapacidade do homem de expressar sentimentos mais profundos, conforme indicada por Elias, foi interpretada por Philip Mellor a partir das teses de Anthony Giddens sobre o maior isolamento existencial do indivíduo na chamada "alta modernidade", servindo de argumento para que o tema da morte fosse colocado no centro da sociologia.[16] Na sua leitura, a elaboração de questionamentos impossíveis de serem respondidos dentro dos referenciais da modernidade teria aberto espaço para interrogações sobre a finitude humana, rompendo com certa "segurança ontológica" do homem, que foi respondida com o escamo-

---

15 *Ibidem*. ELIAS, Norbert. *O processo civilizador: uma história dos costumes*. Rio de Janeiro: Zahar, 1994. ____. *O processo civilizador: formação do Estado e civilização*. Rio de Janeiro: Zahar, 1993. ____. *A sociedade dos indivíduos*. Rio de Janeiro: Zahar, 1994.

16 MELLOR, Philip A. "Death in high modernity: the contemporary presence and absence of death". In: CLARK, David. *The sociology of death*. Oxford: Blackwell Publishers/Sociological Review, 1996, p. 13-30.

teamento da morte da vida cotidiana. Caberia à sociologia, nessa perspectiva, responder à crescente privatização do significado que acompanhou esse recalcamento da morte na "alta modernidade" tornando-a tema fundamental, justamente pela potencialidade ontológica que traria à problematização das novas formas de construção da identidade e à insegurança advindos desse aprofundamento da modernidade.

Poderia ser equívoco, entretanto, pressupor que reflexões como as de Norbert Elias, caracterizadas pela percepção do homem como ser que se constitui em relação ao outro, deixaram de tangenciar preocupações ontológicas, sempre historicizadas. Pode-se encontrar em sua obra, de fato, a implícita "tese de que a condição humana é uma lenta e prolongada construção do próprio homem", constante da preocupação em caracterizar o "processo civilizador" como fruto das ações humanas e, portanto, como algo inconcluso e não inexorável.[17] É claro que sua leitura traria também certa perspectiva sobre o sentido dessa lenta transformação, abrindo caminho para as críticas sobre o suposto fundamento teleológico desse tipo de concepção. Nesse caso, não se deveria esquecer, por outro lado, o quanto tal otimismo era relativo, já que o maior controle das paixões e instintos que tornaria mais segura e previsível a vida humana viria acompanhado da perda irreparável de sensações intensas de prazer, muitas vezes sugerida como o real fator expli-

---

17 A frase grifada é de Renato Janine Ribeiro, que também não deixou de apontar as críticas aos fundamentos supostamente otimistas presentes no modo como Elias compreendia o sentido do "processo civilizador". RIBEIRO, Renato Janine. "Uma ética do sentido". In: ELIAS, Norbert. *O processo civilizador: formação do Estado e civilização*. Rio de Janeiro: Zahar, 1993, p. 9 (o problema foi mais ressaltado por Renato Janine Ribeiro na apresentação do primeiro volume da edição brasileira). Sobre o problema da utopia na concepção de Norbert Elias, conferir DELUERMOZ, Quentin. "Les utopies d'Elias. La longue durée et le possible". In: ELIAS, Norbert. *L'utopie*. Paris: La Découverte, 2014, p. 5-29.

cativo de algumas das compulsões características dos indivíduos contemporâneos (incluindo o recalcamento da morte).[18]

Talvez a compreensão do lugar do poder seja um elemento fundamental na diferenciação das perspectivas de tratamento do tema da morte, ultrapassando o problema de um "novo" enfoque ontológico conforme indicado no texto de Philip Mellor. Na leitura de Jean Baudrillard, por exemplo, a morte seria o fenômeno mais fundamental na configuração do poder como constitutivo da vida humana, tendo em vista que a separação entre a vida e a morte seria a primeira representação a partir da qual outras divisões, operando também no plano do imaginário, se ramificariam até o infinito: "a da alma e do corpo, do masculino e do feminino, do bem e do mal, etc."[19] Trata-se, portanto, do primeiro ponto de emergência do controle social, da instituição simbólica de uma divisão fundadora por meio da qual se estabeleceria todo um sistema de relações baseado numa forma primária de interdito (o interdito da morte), por meio do qual a própria sobrevivência se tornaria um valor. Assim, "o recalcamento fundamental não é o das pulsões inconscientes, de uma energia qualquer, de uma libido, e não é antropológico – é o recalcamento da morte, e é *social* – no sentido de ser ele que opera a viragem para a socialização repressiva da vida".[20]

---

18 A tese é bastante semelhante à de Freud, em seu estudo sobre o mal-estar na cultura, embora Freud parecesse realmente mais pessimista. Se, para Elias, a vida na civilização "torna-se menos perigosa, mas também menos emocional ou agradável, pelo menos no que diz respeito à satisfação direta do prazer", para Freud, "o homem civilizado trocou um tanto de felicidade por um tanto de segurança". Conferir, respectivamente, ELIAS, Norbert. *O processo civilizador: formação do Estado e civilização*. Rio de Janeiro: Zahar, 1993, p. 203. FREUD, Sigmund. *O mal-estar na civilização*. São Paulo: Peguin Classics Companhia das Letras, 2011, p. 61.

19 BAUDRILLARD, Jean. *A troca simbólica e a morte*. Lisboa: Edições 70, 1997, p. 17.

20 *Ibidem*, p. 16-17.

Colocando em primeiro plano o problema do poder como fundamento da distinção entre a vida e a morte como construção simbólica, Baudrillard visava justamente historicizar uma suposta pretensão universalista de conceitos como a noção freudiana de "pulsão de morte" e o "ser-para-a-morte" heideggeriano.[21] É importante lembrar, por outro lado, que, para além de suas reflexões sobre a "pulsão de morte", podemos encontrar em escritos de Freud, ainda de 1915, interrogações sobre o tema da morte caracterizadas por um enfoque eminentemente histórico.[22] Naqueles escritos, Freud apontava de forma veemente como o evento da guerra poderia reduzir a sensibilidade ética do "homem civilizado" pela morte do outro a um patamar abaixo do "homem primitivo", indicando o quanto a noção de "humanidade" é uma construção histórica (que pode, inclusive, ser subitamente eliminada) e sugerindo um entendimento da morte como experiência mediada pelos mecanismos intersubjetivos através dos quais podemos imaginá-la.[23]

---

21 Para Baudrillard, enquanto o primeiro, produzido num determinado momento de configuração do sistema, poderia não fazer mais do que "sancionar uma cultura de morte, conferindo-lhe o rótulo de uma pulsão trans-histórica", o segundo, ao tomar a morte como "autenticidade", manifestaria, na verdade, uma "obediência profunda" ao próprio "sistema mortífero" então existente. *Ibidem*, p. 46-47.

22 FREUD, Sigmund. Considerações atuais sobre a guerra e a morte (1915). In: ____. *Obras completas: introdução ao narcisismo, ensaio e metapsicologia e outros textos (1914-1916)*. São Paulo: Companhia das Letras, 2010, 209-246.

23 É claro que se pode argumentar que a leitura de Freud continuava fundamentada na ideia de certos instintos naturais do homem, como a tendência ao extermínio do outro, compondo uma leitura pessimista pela qual seu recalcamento, advindo do processo de controle psíquico realizado pelo processo civilizatório, teria como contrapartida o surgimento de momentos em que tais ímpetos se manifestariam de modo ainda mais violento (os genocídios do século XX, por exemplo). De todo modo, para além dessa leitura pessimista, talvez seja importante acentuar a sugestão de que os ideais de humanidade são construções efetivamente históricas e, portanto, vulneráveis. Referindo-se ao "não matarás", Freud destacaria: "As aspirações éticas da humanidade, cujo vigor e importância não carecem discutir, são

No caso de Baudrillard, diferentemente de Freud, sua intenção era, de fato, colocar em questão toda uma "economia política da morte", tendo em vista a constituição de um sistema de trocas dentro do qual a morte, silenciada, estaria sempre presente, conforme se poderia notar, inclusive, no espaço urbano e nos lugares conferidos aos cemitérios, parte de uma geografia representativa de uma "cultura da morte" na qual as metrópoles são "cidades mortas e cidades de morte".[24] Sua leitura, nesse caso, poderia ser aproximada àquela de Jean Ziegler, na qual o recalcamento da morte como problema nas sociedades ocidentais estaria relacionado à constituição de um sistema de reprodução do capital caracterizado pelo silenciamento mais geral sobre as milhões de mortes acontecidas no planeta.[25] Entendendo que as relações de representação seriam também relações de força por meio das quais operam as formas primeiras de classificação do mundo, Ziegler concentrou sua análise sobre a morte nas sociedades africanas e brasileiras, seguindo as trilhas de autores como Georges Balandier e Roger Bastide, com seus estudos sobre as formas de religiosidade no Congo e na Bahia, respectivamente.[26]

Talvez não seja num sentido muito discrepante que o tema da morte tenha sido relacionado ao da afirmação da individualidade como condicionante antropológico fundamental da vida humana nos estudos de Edgar Morin.[27] Nessa perspectiva, a universalidade da sepultura ou dos ritos mortuários, encontrados também nas sociedades arcaicas, indicaria que as práticas de dissimulação da cor-

---

uma conquista da história humana; em medida infelizmente muito instável, tornaram-se patrimônio herdado dos homens de hoje". *Ibidem*, p. 241.

24 BAUDRILLARD, Jean. *A troca simbólica e a morte*. Lisboa: Edições 70, 1997, p. 12.

25 ZIEGLER, Jean. *Les vivants et la mort*. Paris: Seuil, 1975.

26 As reflexões sobre a violência simbólica e o poder da representação estavam referidas às obras de Pierre Bourdieu e Jean Claude Passeron. *Ibidem*, p. 11 ss.

27 MORIN, Edgar. *O homem e a morte*. Lisboa: Europa-América, 1976.

rupção dos corpos, na verdade, manifestariam o temor à perda da individualidade, justamente aquilo que diferenciaria o homem dos outros animais, por nunca adaptar-se aos condicionantes biológicos da sua espécie.[28] A afirmação da individualidade, portanto, confrontada com a consciência da morte, parece caracterizar uma percepção das formas de configuração do mundo humano na qual as relações de poder tornam-se elemento central na definição desses desejos e práticas de eternização (ou, em outras palavras, de manutenção da individualidade diante da própria morte como a experiência mais extrema de desumanização). Em Morin, por outro lado, tratava-se de uma perspectiva bastante ampla, marcada por um enfoque totalizante que conferia ao olhar antropológico certo sentido de síntese das ciências humanas, além de buscar uma compreensão do homem numa perspectiva "bioantropológica".[29]

O estudo das coletividades africanas também fundamentou a "antropologia da morte" ou "antropotanatologia", de Louis-Vincent Thomas.[30] A preocupação histórica com as formas de imaginário da morte foi uma constante de suas análises, fundamentando-se, principalmente, em uma perspectiva comparativa entre o "modelo negro-africano" e o das "sociedades industriais" europeias, mas

---

[28] *Ibidem*, p. 14 ss. Também argumentando que haveria uma relação estreita entre a consciência da morte e o processo de individualização humana, Paul Landsberg se voltou para os estudos de Lévy-Bruhl para indicar sociedades nas quais o indivíduo não estaria suficientemente diferenciado do clã para que pudesse ser individualizado. Seguindo Gilberto Velho, acreditamos, entretanto, que seja importante diferenciar a noção de *individualização*, correspondente ao processo pelo qual o indivíduo se tornaria o valor básico da cultura (como nas sociedades ocidentais moderno-contemporâneas) de *individuação*, que existiria em qualquer sociedade. Conferir LANDSBERG, Paul Ludwig. *Ensaio sobre a experiência da morte e outros ensaios*. Rio de Janeiro: Contraponto/Puc-Rio, 2009, p. 17. VELHO, Gilberto. *Projeto e metamorfose: antropologia das sociedades complexas*. Rio de Janeiro: Jorge Zahar, 2003, p. 99.

[29] MORIN, Edgar. *O homem e a morte*. Lisboa: Europa-América, 1976, p. 16 ss.

[30] THOMAS, Louis-Vincent. *Anthropologie de la mort*. Paris: Payot, 1975.

também na busca de "certas constantes" que revelariam, inclusive, sobrevivências "primitivas" nas "civilizações atuais".[31] Argumentando que deslizaria das dimensões individual e existencial do tema da morte em direção à coletiva, Thomas elaborou estudos que tangenciaram o problema do poder e uma confrontação entre sociedades marcado pelo estabelecimento de definições dos sentidos e funções dos ritos funerários.[32] Tratava-se também, portanto, do estabelecimento de uma relação entre a morfologia dos rituais e o modo como traduziriam necessidades humanas mais fundamentais, o que se materializaria em um esforço de síntese baseado em taxonomias das práticas ritualísticas a partir das suas diferentes manifestações históricas.

Sem dúvida, uma preocupação de fundo do enorme investimento na temática relacionava-se ao modo como o individualismo teria acarretado uma privatização e um silenciamento em relação à morte pelo homem moderno, conforme se poderia notar tanto pela proposta de uma "antroposofia" como "arte do bem viver e do bem morrer",[33] quanto pela tentativa de repor a morte no centro da vida cotidiana: "o único poder autêntico que seja compatível com a dignidade do homem é fazer entrar a verdade da morte no cotidiano".[34] É importante notar que, ainda no campo antropológico, em diálogo com a sociologia weberiana, Jean-Huges Déchaux

---

31 *Ibidem*, p. 10 ss.

32 THOMAS, Louis-Vincent. *Morte e poder*. Lisboa: Temas e Debates, 2001, p. 19. ____. *La muerte: una lectura cultural*. Barcelona/Buenos Aires/México, 1991. ____. *Rites de mort. Pour la paix des vivants*. Paris: Fayard, 1985. Do mesmo autor, conferir ainda *Savoir mourir*. Paris: Éditions L'Harmattan, 1993; *La mort africaine: idéologie funéraire em Afrique noire*. Paris: Payot, 1982; *Le cadavre de la biologie à l'anthropologie*. Bruxelles: Éditions Complexe, 1980.

33 THOMAS, Louis-Vincent. *Anthropologie de la mort*. Paris: Payot, 1975, p. 14.

34 THOMAS, Louis-Vincent. *La mort en question: traces de mort, mort des traces*. Paris: L'Harmattan, 1991, p. 15. (Tradução livre)

buscaria matizar a relação estabelecida entre o individualismo moderno e a perda de uma relação mais profunda com os mortos, já que os defuntos não desapareceram das preocupações dos vivos.[35] As mudanças nas práticas de culto dos mortos, na verdade, indicariam formas novas de filiação, nas quais a linhagem se tornaria menos uma instituição social do que uma construção subjetiva, estabelecida no plano do imaginário.

Nessa perspectiva, pela qual a modernidade não teria sido um processo linear, mas dialético, podendo ter efeitos opostos, a filiação forneceria à pessoa sempre uma dupla função, identitária e escatológica, tornando-se cada vez mais um desejo, uma aspiração, e não um dever. As teses que defenderiam uma perda da capacidade de transmissão de uma herança familiar por meio do culto dos mortos deveriam, então, ser confrontadas com a própria natureza holística do processo de filiação, mesmo tendo em vista que a memória se "metamorfoseou" em direção a uma construção subjetiva, na qual a própria filiação teria se tornado mais próxima apenas de um símbolo (e não de um símbolo e uma instituição social, como no modelo clássico de análise do parentesco pelos antropólogos). A tese, ainda dentro do campo antropológico, pode ser confrontada com os estudos de Jean-Didier Urbain, que retomou preocupações como as de Louis-Vincent Thomas acerca dos dilemas do homem moderno em seu enfrentamento da morte e, portanto, do tempo.[36]

Fundamental nas análises de Urbain seria, sem dúvida, o lugar conferido aos cemitérios, que, tal como as bibliotecas de uma civilização obcecada pela *cópia* e pela *reprodução* (conforme caracterizou

---

35 DÉCHAUX, Jean-Hugues. *Le souvenir des morts. Essai sur le lien de filiation.* Paris: PUF, 1997.

36 URBAIN, Jean-Didier. *L'archipel des morts. Le sentiment de la mort et les dérives de la mémoire dans les cimitières d'Occident.* Paris: PLON, 1989.

Umberto Eco),[37] conservariam os mortos para melhor esquecê-los e, assim, dissimular tudo aquilo que indicaria a corrupção do tempo. Ali, não apenas os esqueceríamos, mas esqueceríamos do próprio esquecimento,[38] numa atitude compatível com muitas outras práticas e ritos funerários de uma cultura construída em torno de um "imaginário da História e do Tempo" hesitante e indeciso entre a simples eliminação e a conservação dos vestígios do passado. Desde os novos usos das técnicas de *destruição*, *dissimulação* e *conservação* dos cadáveres, passando pela popularização (primeiro literária, depois midiática) da imagem do "corpo-máquina", o que se poderia perceber seria um novo imaginário da morte, fundamentado menos no temor ao falecimento nas guerras, por epidemias ou pela fome, do que no horror à putrefação ou à decomposição dos corpos. Nessa ótica, a marginalização da velhice, tematizada por Elias, faria parte de um projeto societário de interdição a qualquer vestígio da morte em sua relação natural com a vida: sua inscrição nos corpos, que trazem sempre as marcas da passagem do tempo.

A etnografia dos cemitérios de Urbain, como se pode notar, ultrapassaria o estudo estrito desses "Arquipélagos dos Mortos", os compreendendo em sua relação com toda uma "imaginação simbólica da existência", expressa numa linguagem cujo sentido último seria não tanto abolir a morte, mas transfigurá-la, traduzi-la, dar-lhe um sentido. Nessa perspectiva, portanto, o estudo antropológico do imaginário se mostra em sua relação com as interroga-

---

37 Ibidem, p. 10 ss. ECO, Umberto. *A biblioteca*. Lisboa: Difel, 1987. Sobre a suposta obsessão memorial contemporânea, conferir ainda NORA, Pierre. "Entre mémoire et histoire. La problématique des lieux". In: ____. (dir.). *Les lieux de mémoire. La République*. Paris: Gallimard, 1997, p 23-43.

38 Vale ressaltar, nesse caso, o belo texto de Harald Weinrich, para quem o culto público dos mortos teria também por finalidade esquecer do esquecimento, pois, ao estipularmos uma data para a lembrança, poderíamos esquecer durante o restante do tempo. WEINRICH, Harald. *Lete. Arte e crítica do esquecimento*. Rio de Janeiro: Civilização Brasileira, 2001.

ções do campo da semiolinguística, permitindo indicar a confluência entre diversas perspectivas disciplinares.[39] Não por outra razão, aliás, Jacques Lacan, no diálogo que estabeleceu entre psicanálise e linguística, parece ter considerado a lápide sobre o túmulo aquilo que melhor caracterizaria a definição do símbolo como construção humana: "o que caracteriza a espécie humana é justamente cercar o cadáver de algo que constitua uma sepultura (...). A lápide ou qualquer outro sinal de sepultura merece exatamente o nome de 'símbolo'. É algo humanizante".[40] Na leitura de Urbain, por outro lado, essa linguagem, diferenciando o homem de outros animais, não deixaria de conferir um "privilégio suspeito": "ele [o homem] apreende os sinais da morte".[41]

A aproximação entre uma perspectiva histórica, antropológica e atenta à dimensão linguística poderia remeter ao que já foi chamado de uma "poética da ausência", por relação ao caráter supostamente estruturado do sistema de signos inventados pelo homem para lidar com a morte (conforme se poderia perceber, por

---

39 O enfoque na semiolinguística como forma de abordagem por meio da qual se poderia produzir uma síntese dos estudos de campos diversos sobre a morte, como a história, a sociologia, o urbanismo e a psicologia, apareceria mais claramente em um livro anterior de Urbain, publicado em fins dos anos 1970: URBAIN, Jean-Didier. *La société de conservation. Étude sémiologique des cimetières d'Occident*. Paris: Payot, 1978. No prefácio da obra, Louis-Vincent Thomas destacaria essa perspectiva totalizante e chegaria a indicar "a semiologia como um dos grandes modelos operatórios do futuro na antropologia". THOMAS, Louis-Vincent. "Préface". In: URBAIN, Jean-Didier. *Op. cit.*, p. 14. (Tradução livre)

40 LACAN, Jacques. "O simbólico, o imaginário e o real". In: ____. *Nomes-do-pai*. Rio de Janeiro: Zahar, 2005, p. 36.

41 URBAIN, Jean-Didier. *L'archipel des morts. Le sentiment de la mort et les dérives de la mémoire dans les cimitières d'Occident*. Paris: PLON, 1989, p. 24. Em sentido semelhante a esses, Aleida Assmann destacaria que "a memória cultural tem como seu núcleo antropológico a memoração dos mortos", tendo em vista que o culto daqueles que se foram é "a mais antiga e difundida forma de recordação social que une vivos e mortos". ASSMANN, Aleida. *Espaços da recordação: formas e transformações da memória cultural*. Campinas: Unicamp, 2011, p. 37.

exemplo, pela existência de uma verdadeira "linguagem cemiterial", caracterizada pela relação lógica de significação entre os símbolos funerários, com seus efeitos de presença e de dissimulação da perda).[42] Os estudos das práticas simbólicas que conferem sentido à morte, alimentados também pelo potencial da análise linguística, se voltaram ainda para uma abordagem poética do elogio como gênero literário. Quando conjugada com uma preocupação efetivamente histórica de identificação das invenções e transformações das figurações e dos *topoi* constitutivos do gênero, esse tipo de análise pareceu frutífera, permitindo pensar também as relações estreitas entre o fenômeno da morte e do imaginário.[43] O diálogo com o campo da teoria literária, por outro lado, fomentou reflexões importantes que, numa perspectiva metafórica, estabeleceram comparações entre a própria escrita e a morte, alguns deles tomando esta última como uma dimensão relevante, inclusive, da "operação historiográfica".[44]

---

42 CATROGA, Fernando. *O céu da memória. Cemitério romântico e culto cívico dos mortos em Portugal (1756-1911)*. Coimbra: Minerva, 1999. ____. *Os passos do homem como restolho do tempo. Memória e fim do fim da história*. Coimbra: Almedina, 2009. Novamente, o estudo de Urbain constitui referência importante, já que os cemitérios se tornariam objetos a partir dos quais se poderia alcançar um *discurso funerário* em sua totalidade, composto de palavras e imagens, signos e símbolos, que expressariam uma "Ideologia da conservação" que teria, por fundamento último, promover o esquecimento dos limites ontológicos do homem como ser humano, caracterizado pela finitude: "Ele [o cemitério] é, de certa forma, o campo público e oficial de uma amnésia coletiva". URBAIN, Jean-Didier. *La société de conservation. Étude sémiologique des cimetières d'Occident*. Paris: Payot, 1978, p. 20. (Tradução livre)

43 LORAUX, Nicole. *A invenção de Atenas*. Rio de Janeiro: Editora 34, 1994. BONNET, Jean-Claude. "Les morts illustres. Oraison funèbre, éloge académique, nécrologie". In: NORA, Pierre (Dir.). *Les lieux de mémoire. La nation. L'idéel. La gloire*. Paris: Gallimard, 1997, p. 1831-1854.

44 Como, por exemplo, no primeiro caso, BLANCHOT, Maurice. "A literatura e o direito à morte". In: ____. *A parte do fogo*. Rio de Janeiro: Rocco, 1997, p. 289-330; no segundo caso, conferir, além dos estudos de Fernando Catroga já citados, CERTEAU, Michel de. *L'écriture de l'histoire*. Paris: Gallimard, 1975.

O diálogo entre uma perspectiva histórica, antropológica e atenta à dimensão da linguagem nos permite retomar aspectos relevantes a partir do estudo de Urbain. Conforme já se destacou, além da preocupação com a "tragédia do homem moderno", expressa na hesitante relação com a morte, seu enfoque ressaltaria a dimensão histórica, chamando a atenção para esse "mosaico planetário dos imaginários da morte", que se manifestaria em diversos ritos e manipulações simbólicas, alimentadas de elementos diversos, desde imagens, lendas e experiências antigas, até mitologias transmitidas, propagadas ou transformadas pela dinâmica das conquistas e a mistura de culturas. Unindo essas formas diversas de imaginário da morte, encontraríamos o desejo obsedante de conter esse "coeficiente de selvageria e de mistério" que poderia tornar a perda do outro ou de si um fenômeno insuportável. Encontramos aqui, portanto, uma análise na qual a condição histórica do homem como ser social e temporal se acrescenta a uma investigação etnográfica dos cemitérios, indicativa da fluidez das fronteiras que separam o tratamento de questões existenciais humanas e a busca de um olhar fortemente histórico e antropológico em relação à morte.

O problema é importante por permitir retomar interrogações elaboradas por Jacques Derrida acerca das relações entre esse olhar mais histórico e antropológico e a "analítica existencial" heideggeriana.[45] Suas referências eram os estudos de Louis-Vincent Thomas, já indicados, mas também as pesquisas de Philippe Ariès, fundamentais quando consideramos o enfrentamento do assunto

---

Sobre o modo como a tradição filosófica ocidental, ao caracterizar o homem como um "animal" dotado das "faculdades" da morte e da linguagem, teria resguardado uma perspectiva metafísica fundamentada na *negatividade*, que seria base do *niilismo* contemporâneo, conferir AGAMBEN, Giorgio. *A linguagem e a morte. Um seminário sobre o lugar da negatividade*. Belo Horizonte: UFMG, 2006.

45 DERRIDA, Jacques. *Apories. Mourir – s'attendre aux "limites de la vérité"*. Paris: Galilée, 1996.

pelos historiadores a partir dos anos 1950.[46] Derrida problematizaria as próprias delimitações de fronteiras presentes nos textos desses autores: em Heidegger, pela tentativa de definir as especificidades de sua busca pela "pré-compreensão ontológica" sobre o que é a morte presente em campos como a antropologia, a metafísica e a demografia; em Philippes Ariès, pela recusa de conceituar o que é a morte, restringindo-se à história; em Louis-Vincent Thomas, por fim, pela indicação de que não enfrentaria questões existenciais humanas em sua "antropotanatologia". Diante dessa "estranha topografia das fronteiras", Derrida encontraria apenas traços de uma constante mudança de lugar, ou seja, uma frequente ultrapassagem dos limites estabelecidos para cada discurso.[47] A indicação das *aporias* internas dessas tentativas de restrição parece, de fato, não contradizer a inter-relação entre diversos campos de saber no estudo da morte antes sugerida, assim como os vínculos estreitos entre o estabelecimento de certas interrogações históricas e antropológicas e preocupações com condicionantes existenciais da vida do homem como ser dialógico e temporal.

Considerando os limites de qualquer estabelecimento muito restritivo de fronteiras, portanto, cabe ressaltar que, de um ponto de vista determinado, o problema parece estar relacionado ao lugar conferido ao poder como elemento constitutivo da vida humana. Certas abordagens recentes, inclusive, podem ser sugestivas nesse sentido, mesmo quando não diretamente centradas no tema da

---

46 A preocupação com a temática da morte a partir da década de 1950 foi destacada pelo próprio Philippe Ariès. Conferir, entre outros, ARIÈS, Philippe. *Essai sur l'histoire de la mort en Occident du Moyen Âge à nos jours*. Paris: Seuil, 1975. ____. *L'homme devant la mort*. Paris: Seuil, 1977. Destaquem-se também os estudos de Michel Vovelle, como, por exemplo, VOVELLE, Michel. *Mourir autrefois: attitudes collectives devant la mort au 17ème et 18ème siècles*. Paris: Gallimard; Julliard, 1974; ____. *Piété baroque et déchristianisation*. Paris: Seuil, 1978.

47 DERRIDA, Jacques. *Apories. Mourir – s'attendre aux "limites de la vérité"*. Paris: Galilée, 1996, p. 139.

morte, como é o caso da interpretação de Paul Ricoeur sobre um livro clássico de Louis Marin. Na obra do filósofo francês, o diálogo entre a abordagem histórica e o estudo do elogio como gênero literário pôde ser compreendido por relação a um plano político e antropológico mais profundo de análise, no qual a categoria "grandeza" remeteria para condicionantes fundamentais da vida humana, tendo em vista o diálogo de Marin com as vinculações presentes no pensamento pascaliano entre poder, justiça e produção de sentido.[48] Essa perspectiva, de fato, permitiu a Ricoeur indicar as relações entre os fundamentos antropológicos do político e o gênero do elogio como discurso de louvor, que se expressaria em sua ligação com um regime de glorificação determinado e, portanto, com uma configuração específica dos valores que conferem grandeza.[49]

---

48 RICOEUR, Paul. *La mémoire, l'histoire, l'oubli*. Paris: Seuil, 2000, p. 343 ss. Tratava-se do livro *Le portrait du roi*, de Louis Marin (Paris: Minuit, 1981).

49 Aprofundaremos essa discussão na segunda parte. Creio que foi algo semelhante que Clifford Geertz pretendeu dizer ao mencionar a tendência do homem para antropomorfizar o poder, ressaltando uma perspectiva antropológica com enfoque eminentemente histórico e sempre em diálogo com a problemática weberiana das formas de legitimação do poder e com o significado simbólico da ação social. GEERTZ, Clifford. Centros, reis e carisma: reflexões sobre o simbolismo do poder. In: ____. *O saber local: novos ensaios em antropologia interpretativa*. Petrópolis: Vozes, 2009, p. 182-219. Não por acaso, em suas definições da antropologia interpretativa como uma "descrição densa", poderíamos encontrar trechos que contrariam a ideia de que o antropólogo norte-americano reduziria o papel da teoria e da filosofia na antropologia, parecendo, na verdade, indicar o quanto ela trataria de forma diferenciada os dilemas existenciais da vida humana: "Olhar as dimensões simbólicas da ação social – arte, religião, ideologia, ciência, lei, moralidade, senso comum – não é afastar-se dos dilemas existenciais da vida em favor de algum domínio empírico de formas não-emocionalizadas; é mergulhar no meio delas. A vocação essencial da antropologia interpretativa não é responder às nossas questões mais profundas, mas colocar à nossa disposição as respostas que outros deram (...) e assim incluí-las no registro de consultas sobre o que o homem falou". GEERTZ, Clifford. *A interpretação das culturas*. Rio de Janeiro: Zahar, 1978, p. 40-41. Algo aproximado pode ser encontrado nas ressalvas de Michel de Certeau, de que não proporia uma filosofia da história, e na sua visão da história como "laboratório de experimentação epistemológica". Sobre suas recusas de uma filosofia da história, conferir

Nossos objetivos são muito mais limitados e visam interrogar se não poderíamos encontrar, nas análises de alguns historiadores, formas de abordagem com certas semelhanças ao que Ricoeur identificou no livro de Louis Marin. Apesar da diversidade de autores, denominaremos essas análises como estudos sobre o imaginário político ou sobre racionalidades e sensibilidades políticas, tendo em vista a necessidade de facilitar o tratamento do tema. Nessa perspectiva, a conjugação de um olhar atento a planos como o da história, da antropologia e da filosofia política permitirá indicar como, justamente por tematizarem condicionantes mais fundamentais da vida humana, relacionados às formas de estruturação do fenômeno do poder, esses estudos podem ser relevantes para pensar a própria historicidade da historiografia como forma de conferir sentido ao passado, resguardando importante potencial para uma reflexão não apenas sobre o sentido existencial que faz da história parte do esforço de eternização inscrito na memória, mas também sobre suas fundamentações epistemológicas, que a tornam integrante de regimes de verdade marcados por critérios mais ou menos acentuados em termos de exigências de racionalidade discursiva (a utilização de uma argumentação objetivamente conduzida, por exemplo, pode se tornar condição de mais credibilidade dentro de padrões de verossimilhança historicamente constituídos). Nessa leitura, sem dúvida, a historiografia é compreendida como uma operação com fundamento eminentemente político, tendo em vista a percepção do fenômeno do poder como condicionante antropológico da vida humana.

GIARD, Luce. "Mystique et politique, ou l'institution comme objet second". In: ____.; MARTIN, Hervé; REVEL, Jacques. *Histoire, mystique et politique*. Grenoble: Jérôme Millon, 1991, p. 27 ss. Sobre a história como "laboratório de experimentação epistemológica", conferir CERTEAU, Michel de. *L'écriture de l'histoire*. Paris: Gallimard, 1975, p. 97. Para uma leitura também aproximada do lugar da teoria na elaboração historiográfica", conferir SCHORSKE, Carl. *Pensando com a história*. São Paulo: Companhia das Letras, 2000.

Na primeira parte deste livro, portanto, analisaremos algumas pesquisas históricas[50] que, ao tematizarem as formas de lidar com a morte, parecem trazer importante potencial de reflexão sobre as específicas conformações históricas da própria historiografia. Visando facilitar sua leitura e manter o viés histórico, trataremos desses autores conforme seus estudos sobre as práticas mortuárias estabelecem, eles mesmos, certa ordem do tempo: partiremos dos estudos de Jean-Pierre Vernant, Nicole Loraux e François Hartog, para tratar do tema na Antiguidade; dos trabalhos de Jean-Claude Bonnet, Reinhart Koselleck e Fernando Catroga para analisar o que, também convencionalmente, se chamou de Modernidade; e, por fim, dos estudos de Emmanuel Fureix e Jacques Julliard.

Tendo em vista a relação antes estabelecida entre o estudo das formas de lidar com a morte, do imaginário político e das formas do elogio como gênero literário, a segunda parte do livro tratará de uma possível relação entre os elementos que definem essa "poética da ausência" (o imaginário e a linguagem estabelecidos para lidar com a morte) e uma "poética do saber" (a constituição discursiva da própria historiografia). Nesse caso, nos afastaremos do enfoque mais detido nos historiadores, nos voltando para o importante estudo de Louis Marin sobre o "retrato do rei" e, em seguida, para as análises de Jacques Rancière. Além do diálogo com Claude Lefort e

---

[50] É claro que a definição de "pesquisa histórica" deve ser compreendida aqui de forma bastante imprecisa, tendo em vista que uma delimitação apenas pela formação profissional seria equívoca, inclusive considerando a intenção de colocar em questão fronteiras muito estabelecidas. Seria impossível, por outro lado, evitar uma indicação nesse sentido dentro dos objetivos propostos. Destaque-se também que este estudo, de forma muito limitada, pretende contribuir para uma reflexão mais geral sobre o problema da relação entre a escrita da história e o tema da morte, que foi tratado de modo muito mais amplo por meio de uma análise do pensamento filosófico na importante tese de Joana Bernardes: BERNARDES, Joana Duarte. *Para além da imaginação histórica: memória, morte, phantasia*. Tese de doutoramento em História - Faculdade de Letras da Universidade de Coimbra, 2004.

Pierre Bourdieu, a obra de Rancière tem, como elemento de fundo, as comparações de Michel de Certeau entre a escrita da história e o rito de sepultamento. E a menção a este último, historiador "itinerante", parece bastante propícia à tentativa de colocar em cheque delimitações restritivas de fronteiras que acompanha nossa análise.[51] Nas considerações finais, poderemos retomar a interrogação: estaria a historiografia condicionada por uma relação possível entre uma "poética da ausência" (Catroga) e uma "poética do saber" (Rancière)?

---

51 Sobre a travessia de Michel de Certeau por campos diversos do saber, conferir GIARD, Luce. "Un chemin non tracé". In: CERTEAU, Michel de. *Histoire et psychanalyse. Entre science et fiction*. Paris: Gallimard, 2002, p. 9-50. Não por acaso se ressaltou também a contribuição de Norbert Elias para tratar do tema da morte, autor que sempre pareceu contrário ao estabelecimento de fronteiras muito restritivas entre os campos de saber, argumentando, ao menos desde fins dos anos 1930, que "as estruturas da psique humana, as estruturas da sociedade humana e as estruturas da história humana são indissociavelmente complementares", formando, "ao lado de outras estruturas, o objeto de uma única ciência humana". ELIAS, Norbert. *A sociedade dos indivíduos*. Rio de Janeiro: Zahar, 1994, p. 38.

PARTE I

Culto dos mortos e escrita da história na ordem do tempo

Estudos sobre a Antiguidade: representações do poder, imaginário político e narrativa histórica em Vernant, Loraux e Hartog

A "bela morte" em Jean-Pierre Vernant e a "invenção de Antenas" por Nicole Loraux

Em páginas memoráveis, Jean-Pierre Vernant, em fins dos anos 1970, analisou a chamada "bela morte" conforme representada nos poemas homéricos, visando reconstituir historicamente os sentidos mais profundos que caracterizavam toda uma economia da glória dentro da qual a palavra épica se constituía como o principal meio de memória na luta do homem com sua condição de ser finito, conferindo imortalidade a partir do registro do último feito heroico do jovem guerreiro.[1] Na sua batalha de fundo metafísico

---

1 VERNANT, Jean-Pierre. "La belle mort et le cadavre outragé". In: ____. L'individu, la mort, l'amour. Paris: Gallimard, 1989, p. 41-79.

contra o esquecimento e a morte, o homem projetava no canto do aedo o lugar central de rito de glorificação, fazendo permanecer na lembrança a imagem do herói em seu gesto derradeiro e redistribuindo, assim, os critérios de distinção por meio de toda uma economia do louvor centrada no desejo de eternização. Com incrível sensibilidade, Vernant analisaria não apenas os sentidos mais profundos das representações do corpo e dos feitos heroicos, mas também os significados simbólicos de elementos relevantes dos ritos funerários, que configuravam um conjunto de práticas cuja reconstituição histórica de seus sentidos mais profundos dependia do conhecimento de toda a economia da glória então implicada.

Trata-se, portanto, de uma interpretação histórica atravessada pela interrogação sobre o próprio sentido da existência individual numa coletividade em que cada um vivia para outrem e em que a busca da "fama" permitia lutar contra a indignidade da obscuridade e do silenciamento.[2] Interrogando-se sobre práticas mortuárias com importante papel na estruturação das relações sociais, a análise de Vernant pode ser aproximada do que chamamos aqui de estudos sobre racionalidades e sensibilidades políticas, colocando em jogo as implicações de certa economia da grandeza e indicando a historicidade de uma forma determinada de conformação do elogio como gênero discursivo de louvor a partir das representações da morte heroica. Todo um imaginário do poder encontrava-se figurado na elaboração poética de Homero, permitindo traduzir e recompor os princípios de distinção que confeririam especificidade às relações de poder na conjuntura examinada. Assim, ainda que não tenha feito referências diretas ao elogio como gênero discursivo ou a noções como a de imaginário, parece pertinente considerar

---

2   Sobre a fama na Antiguidade, ver ASSMANN, Aleida. *Espaços da recordação: formas e transformações da memória cultural*. Campinas: Unicamp, 2011, p. 42 ss.

sua interpretação como um primeiro exemplo de estudo em que tais fenômenos são analisados em relação às práticas de luto.[3]

Tal aspecto pode se tornar mais claro, inclusive, se confrontarmos esse com outros estudos de Vernant, nos quais noções como "imaginário social" e suas preocupações com questões referidas à condição histórica do homem ficariam mais evidenciados. É o caso do texto de apresentação de uma coleção de pesquisas sobre a morte em diferentes sociedades, no qual Vernant afirmaria que "a ideologia funerária coloca em jogo todo um trabalho do imaginário social para elaborar uma aculturação da morte".[4] Partindo da concepção de que todo grupo humano constitui sua identidade por relação ao outro ("o caos, o informe, o selvagem, o bárbaro"), o historiador francês ressaltaria, igualmente, que todas as sociedades precisam afrontar esta "alteridade radical", esse "não-ser por excelência" que consistiria no fenômeno da morte:

> Para um grupo de homens, construir um passado comum, elaborar uma memória coletiva, enraizar o presente de todos em um "antigamente" indeterminado, mas cuja lembrança se impõe, unanimemente partilhada, é primeiro

---

[3] Note-se que não estamos nos referindo aqui ao sentido particular que a política ganharia na *pólis* grega, sobretudo depois que, segundo o próprio Jean-Pierre Vernant, ela passaria a existir não apenas na prática institucional, mas se tornaria "consciência de si", conferindo "à vida em grupo, aos indivíduos reunidos em uma mesma comunidade, seu caráter propriamente humano". O novo lugar das práticas fúnebres que acompanhou a passagem para essa forma de compreensão da política será analisado adiante, por meio dos estudos de Nicole Loraux. VERNANT, Jean-Pierre. "Les cités grecques et la naissance du politique". In: BERSTEIN, Serge; MILZA, Pierre (dir). *Axes et méthodes de l'histoire politique*. Paris: PUF, 1998, p. 12. (Tradução livre) Sobre o tema, consultar também FINLEY, Moses I. *L'invention de la politique: démocratie et politique en Grèce et dans la Rome républicaine*. Paris: Flammarion, 1985.

[4] VERNANT, Jean-Pierre. "Introduction". In: ____.; GNOLI, Gherardo (dir.). *La mort, les morts dans les sociétés anciennes*. Cambridge: Cambrigde University Press, 1982, p. 5-15.

conferir a certos personagens já mortos ou a certos aspectos desses personagens, graças a um ritual funerário apropriado, um estatuto social pelo qual eles permanecem, em sua condição de mortos, inscritos no coração da vida presente, na qual eles intervêm como mortos, desempenhando seu papel no controle das forças sociais de que dependem o equilíbrio da comunidade e a permanência de sua ordem.[5]

Tratando, numa perspectiva histórica, de questões fundamentais da existência humana, Vernant o fazia com ênfase na dimensão do poder, conforme se pode notar pelas questões estabelecidas sobre a morte: "o que está submetido a ela, o que lhe escapa, nos indivíduos, nos diversos grupos, no conjunto do corpo social?"[6] Nesse caso, as práticas de aculturação da morte parecem relacionadas com determinadas formas de racionalidade e sensibilidades que, estabelecidas no plano da cultura, tangenciam também a política, tendo em vista que as relações de poder estão necessariamente implicadas no imaginário a partir do qual certa construção coletiva de sentido para o passado se torna possível. Considerando essas relações entre uma perspectiva histórica, antropológica e atenta às formas discursivas do louvor, não parece impertinente indicar a relevância dos estudos de Vernant para pensar as formas depois assumidas pela história como gênero específico de discurso, inclusive suas relações com as práticas de natureza política.[7]

---

[5] *Ibidem*, p. 6-7. (Tradução livre)

[6] *Ibidem*, p. 6. (Tradução livre)

[7] Note-se, conforme destacou François Hartog, que a história, como gênero específico de discurso, ganharia espaço na Antiguidade como prática efetivamente política. A escrita histórica teria sido praticada, sobretudo, por aqueles que, afastados das atividades políticas diretas, encontravam na narrativa sobre o passado uma forma de continuar a interferir nos debates públicos da *polis*. Cf. HARTOG, François. *Evidência da história: o que os historiadores veem*. Belo Horizonte: Autêntica Editora, 2011.

Do ponto de vista histórico, o ideal da "bela morte" dos poemas homéricos perderia força para as novas formas de glorificação da época clássica, conforme se poderia notar pelos estudos de Nicole Loraux sobre o culto dos mortos em batalhas da *pólis* ateniense.[8] Compreendida como "instituição e forma literária", a oração fúnebre foi interpretada por Loraux não apenas como um "gênero discursivo", mas como "palavra política" que, num plano imaginário, atuava em favor da instituição de determinadas formas de relações sociais inauguradas com o novo modelo da cidade democrática. Era esse tipo de perspectiva, inclusive, que fundamentava sua crítica ao que chamava da "tentação formalista" dos "apreciadores de figuras e períodos", os quais, apenas "recenseando os *topoi* e fixando as disposições do discurso", tenderiam para uma análise literária da oração fúnebre somente como parte do gênero epidítico, tendo em vista sua adequação ao modelo examinado por Aristóteles em sua *Retórica*.[9]

Buscando não desconsiderar a análise literária, Loraux pretendeu indicar o fundamento político da oração fúnebre, compreendendo-a igualmente como parte relevante de um ritual de enterramento dos mortos em batalhas que visava, em última instância, à glorificação dos valores da *pólis* a partir da honra conferida aos seus filhos mais ilustres. A análise do discurso, nesse caso, também não se separava do estudo do próprio ritual, desconstruindo a simplificadora separação entre *lógos* e érga a partir de um estudo etnográfi-

---

8   LORAUX, Nicole. *A invenção de Atenas*. Rio de Janeiro: Editora 34, 1994.

9   *Ibidem*, p. 31 ss. A referência fundamental de Nicole Loraux era Cornelius Castoriadis, autor cuja perspectiva acerca do papel instituinte do imaginário possuía força significativa no período e nas discussões acerca do político então formuladas. No prefácio da edição brasileira, datado de 1993, Loraux matizaria suas críticas, ressaltando o grande avanço nos estudos norte-americanos sobre os gêneros literários nos anos seguintes à primeira edição do livro (publicado originalmente na França, em 1981), mas manteria suas teses sobre as relações entre aquele gênero discursivo e a constituição de um imaginário político.

co exemplarmente rico daquelas práticas rituais de sepultamento. Ao novo sentido político, portanto, correspondia certa democratização do culto mortuário: referindo-se a todos que morreram pela *pólis*, independentemente de uma vida anterior nada exemplar ou miserável, o ritual discrepava das formas de glorificação aristocráticas. Diferentemente das sepulturas da Grécia arcaica, em que todos os membros de uma família aristocrática figuravam numa mesma necrópole, os túmulos dos soldados atenienses comportavam igualitariamente todos os mortos em combate. Tratava-se, de fato, de mudanças significativas em relação às práticas preexistentes, simbolizadas pela proibição do luxo nas sepulturas aristocráticas no século V a.C. e materializadas também no deslocamento em relação ao verbo inspirado do aedo, que retirava sua eficácia da relação com o divino.[10]

A renúncia à lamentação ritual aristocrática, materializada na palavra cívica de natureza política que conjurava o choro familiar e sublinhava a primazia da coletividade anônima da *pólis*, rompia não apenas com a forma de glorificação dos épicos homéricos, mas se diferenciava de outras formas de luto da Antiguidade. Distintamente de Esparta, onde a exteriorização compulsória da dor era a regra e os hilotas obrigados a produzirem gemidos e baterem em suas cabeças, o luto cívico da *pólis* ateniense proibia a atuação das mulheres nos cortejos fúnebres e resguardava um papel muito limitado à família, pois "o pranto libera uma afetividade incontrolável": "chorar é, para a época clássica, o quinhão das mulheres; por isso, a *pólis* destaca um lugar para as lamentações femininas durante os funerais públicos e escolhe um homem para providenciar o elogio fúnebre".[11] Não en-

---

10 LORAUX, Nicole. *A invenção de Atenas*. Rio de Janeiro: Editora 34, 1994, p. 44 e 69. Os limites dessa democratização e o problema da "cidadania" na Antiguidade caracterizariam muitos debates entre historiadores voltados para o período, que não cabe retomar aqui.

11 *Ibidem*, 62-63.

contraríamos nada comparável aos dez dias em que Esparta como um todo parava em lamentações pela morte de seus reis.[12] Afastar as mulheres dos funerais e controlar as manifestações de luto, tal como indicaria Loraux em outro estudo, era uma forma encontrada pela cidade ateniense para proteger a esfera política das afetividades e excessos identificados com a conduta feminina, tal como apareceria também nos funerais privados e nas tragédias.[13]

Nessa leitura, entendia-se a oração fúnebre por sua relação com o contexto de laicização das práticas discursivas de glorificação que marcaria o período clássico.[14] Não resguardando lugar para os deuses ou os heróis da poesia épica, a oração fúnebre remetia para as ações e para o tempo dos homens, num discurso em prosa, feito por um orador de reconhecida notoriedade no plano político e que, assim, honrava não grandes feitos individuais, mas o sacrifício coletivo em favor da *pólis* como entidade soberana. Como se pode notar, o livro de Nicole Loraux também pode ser aproximado do que chamamos de estudos sobre racionalidades e sensibilidades políticas. Aqui, novamente, o problema do imaginário político encontra o do estudo do elogio como gênero literário, permitindo tratar dos ritos mortuários em sua dimensão de práticas discursivas e rituais atravessadas por uma forma determinada de representação do poder.

---

12 *Ibidem*, 63.

13 LORAUX, Nicole. *Les mères en deuil*. Paris: Seuil, 1990.

14 A noção de laicização é usada aqui de modo bastante genérico. Perspectivas que tentaram diferenciar a noção daquela de secularização, por exemplo, serão destacadas mais adiante.

Funerais citas e narrativa histórica de Heródoto segundo François Hartog

Os ritos funerários dos soldados atenienses, por outro lado, pareciam demarcar diferenças não apenas em relação aos valores aristocráticos de glorificação heroica da tradição homérica, ou mesmo da autoflagelação compulsória que caracterizaria os funerais espartanos, mas também das exéquias reais dos povos asiáticos, desde as Guerras Médicas representados como bárbaros pela estruturação dualista que caracterizava o imaginário grego.[15] Em seu estudo sobre Heródoto, François Hartog buscou interpretar os significados simbólicos dos funerais dos reis citas, marcados por práticas de mutilação, embalsamamento e estrangulamento que os tornavam discrepantes do culto cívico ateniense dos mortos.[16] Ao contrário da centralidade da palavra na oração fúnebre, o espetáculo visual em que se transformavam as exéquias reais fazia o corpo do monarca circular entre diferentes povos que, através de atos violentos de seus integrantes contra si mesmos, demarcavam sua condição de súditos falando à sua maneira, "em seus corpos e com seus corpos", sem o menor dito.[17] A marca corporal não apenas garantia uma forma duradoura de inscrição memorial da submissão, mas contraditava com as práticas de embalsamamento que transformavam em "belos mortos" os monarcas, cujos ritos de sepultamento contavam com práticas de estrangulamento coletivo

---

15 HARTOG, François. *Le miroir d'Hérodote. Essai sur la représentation de l'autre*. Paris: Gallimard, 1980, p. 328-329. Conferir também HARTOG, François. "La mort de l'autre: les funérailles des rois scythes". In: VERNANT, Jean-Pierre; GNOLI, Gherardo (dir.). *Op. cit.*, p. 143-154.

16 HARTOG, François. *Le miroir d'Hérodote. Essai sur la représentation de l'autre*. Paris: Gallimard, 1980.

17 *Ibidem*, p. 161.

não apenas no momento do enterro, mas um ano após o ocorrido, em que eram mortas dezenas de pessoas da casa real.

A lembrança instilada pela inscrição advinda da marca corporal e as outras práticas mencionadas, na verdade, eram entendidas como relacionadas a todo um sistema de representação do poder que, fundamentado no nomadismo dos citas, operava por meio de uma organização espacial e temporal diferenciadas. Nele, o corpo político do rei não era representado numa localidade fixa, funcionando simbolicamente como um círculo móvel cuja circunferência se encontraria em toda parte e em parte alguma, o que explicaria a passagem do carro com o cadáver do monarca por diversos locais e seu enterro nos confins da Cítia. A morte do rei, de certo modo, recolocava em jogo a unidade simbólica daquela coletividade, que somente parecia manifestar em momentos como esse sua constituição imaginária como comunidade política. Essa reconstituição histórica feita por Hartog, por outro lado, era elaborada com o objetivo de confrontá-la com a representação histórica dos citas produzida por Heródoto, tendo em vista que as *Histórias* podem ser interpretadas pelo "código do poder" ali contido, que ajudava a reconfigurar uma identidade grega por meio de toda uma representação do poder despótico.

Se a forma com que uma sociedade lida com a morte dos seus integrantes constitui em si um modo de negociação da alteridade, o lugar conferido à morte do outro podia também servir para colocar em questão a própria representação historiadora e suas relações com as narrativas que estruturam o imaginário de um grupo determinado. Procedendo assim, Hartog se interrogava sobre o modo como Heródoto, para além de sua intencionalidade de rivalizar com os poemas homéricos, elaborou uma narrativa sobre os citas estruturada a partir do simbolismo que este outro e seu principal significante para os gregos (seu papel de povo nômade) ocupava no imaginário compartilhado pelo autor e seus destinatários. Utilizando a metáfora da grade do aquarelista para indicar o funcionamento invisível de uma estrutura semiótica que permitiria a Heródoto ver e fazer ver por meio de sua narrativa, Hartog tentou reconstituir a elaboração da "figura imaginária do déspota, ao mesmo tempo rei e tirano", principal "efeito simbólico" de um discurso que, idealizando a cidade grega, apagava as diferenças entre aqueles que conformavam seus "outros": "ele [Heródoto] aproxima os funerais dos reis de Esparta das práticas dos bárbaros da Ásia em geral, dos persas, até mesmo dos egípcios; a essa história podemos certamente acrescentar os citas".[18]

Tratava-se, portanto, da reconfiguração de uma forma de representação do poder, que se alimentava das estruturas imaginárias que, compondo outras formas narrativas pelas quais o homem grego da época conferia sentido ao mundo, forneciam elementos à própria imaginação herodotiana. É o caso das tragédias, que pareciam funcionar como "modelos de inteligibilidade" para Heródoto, tendo em vista as semelhanças entre as representações dos déspotas e dos tiranos que seu discurso condenava e os heróis trágicos que, por seus impulsos transgressores, eram igualmente destinados à loucura e à morte. Nesse caso, as *Histórias* partilhavam com os "esquemas trágicos" elementos estruturantes do imaginário grego, como a condenação da *hýbris*, que, na narrativa de Heródoto, era representada pelo desejo irrefreado dos "reis bárbaros" do ponto de vista sexual e da busca de uma submissão total dos súditos (ou mesmo de outros povos), o que parecia explicar mais a origem das guerras do que as várias histórias de raptos de mulheres presentes nas *Histórias*. Nesse sentido, assim como nas lições das tragédias, a estrutura narrativa dos escritos de Heródoto colocaria em jogo uma lógica explicativa profundamente grega, caracterizada pela valorização da medida como forma de manutenção do equilíbrio

---

18 *Ibidem*, p. 170. (Tradução livre)

cósmico,[19] não obstante seus personagens funcionassem como "heróis herodotianos" e não propriamente como heróis trágicos, tendo em vista que as *Histórias* projetavam para fora da *pólis* tudo aquilo que as tragédias criticavam dentro do próprio espaço da cidade.[20]

Num plano mais profundo, o texto de Hartog traz em si uma reflexão teórica importante sobre o problema da representação histórica, seja no sentido das estruturas imaginárias que condicionam a percepção de Heródoto, seja no plano das operações e deslocamentos que, atuando na própria escrita como forma narrativa, permitem refletir sobre as imposições de limites que caracterizam a produção textual. Em ambos os casos, Hartog parece responder indicando a tensão entre essas limitações e as marcas e desvios produzidos pelo próprio Heródoto, dialogando mas também respondendo às investidas de teor estruturalista dos campos literário e linguístico que, nos anos 1970, tanto chamaram a atenção para os componentes poéticos que, de forma inconsciente, condicionam a escrita histórica. Sua interpretação sobre a figuração do déspota na narrativa de Heródoto, por outro lado, constitui igualmente uma resposta aos desafios trazidos por campos como a antropologia e a linguística, tendo em vista a possibilidade de produzir um tratamento histórico de fenômenos complexos referidos a planos como os do imaginário e das representações políticas. Assim, seu estudo também pode ser compreendido como um exemplo de interpretação no plano das racionalidades e

---

19 Sobre a noção de cosmos para os gregos e sua relação com a escrita de Heródoto, ver GAGNEBIN, Jeanne Marie. *Sete aulas sobre linguagem, memória e história*. Rio de Janeiro: Imago, 2005, p. 19 ss. Sobre a relação entre a escrita herodotiana e as tragédias, ver também CHÂTELET, François. *La naissance de l'histoire*. Paris: Minuit, 1962 (v. 1).

20 A noção de "heróis herodotianos" é utilizada por Hartog por referência ao "herói maquiavélico", conforme expressão de Claude Lefort. HARTOG, François. *Le miroir d'Hérodote. Essai sur la représentation de l'autre*. Paris: Gallimard, 1980, p. 343. Sobre a tragédia na Antiguidade clássica, ver VERNANT, Jean-Pierre; VIDAL-NAQUET, Pierre. *Mito e tragédia na Grécia Antiga*. São Paulo: Perspectiva, 2011.

sensibilidades políticas, em que os funerais dos citas servem para reconstituir todo um imaginário do poder, ao mesmo tempo em que, colocando em questão mais propriamente a estrutura textual da narrativa herodotiana, remetia para o problema da dimensão poética da historiografia em sua relação que parece insuperável com o gênero do elogio, tendo em vista que uma economia da grandeza se encontra sempre implicada.[21]

É claro que a relação entre a representação histórica e o gênero do elogio estava também presente no texto de Nicole Loraux, principalmente em sua reflexão sobre o modo como elementos daquele "modelo de palavra" permaneciam no discurso histórico de Tucídides. A desconfiança da memória, suas ressalvas metodológicas contra os *logógrafos*, que atingia tanto Heródoto quanto os poetas e oradores políticos, não afastaram completamente o discurso de Tucídides da oração fúnebre, ou mesmo de outros gêneros populares à época, como as tragédias. A condenação que *A Guerra do Peloponeso* faria aos demagogos que, após a morte de Péricles,

---

[21] Produzido num momento aproximado ao dos textos de Nicole Loraux e Jean-Claude Bonnet (que discutiremos mais adiante), o estudo de François Hartog também problematizava temas como o imaginário e as representações do poder, o que justificaria suas ressalvas de que não era preciso sair do plano da linguagem para analisar o modo como Heródoto elaborava uma representação do outro. O livro, por outro lado, também estava centrado em mecanismos relacionados à lógica específica da produção textual como configuração narrativa, conforme se pode notar no estudo de uma "retórica da alteridade" ou das "marcas de enunciação" presentes nas *Histórias*. Nesse caso, entretanto, algumas justificativas ocasionais no livro de que, para sua análise, não precisaria "sair do texto" se chocam com a reconstituição antropológica da representação do poder inerente aos funerais citas, tendo em vista que tal opção remete necessariamente para algum "referencial cita", mesmo que este último seja pensado apenas no plano do imaginário (e, portanto, da linguagem). Na verdade, o livro produz um efeito narrativo muito interessante por, muitas vezes, não conseguirmos diferenciar o que era interpretação de Heródoto e do próprio Hartog. As justificativas de Hartog sobre o problema do contexto podem ser vistas, respectivamente, nos capítulos III (parte II) e I (parte I) do livro.

fomentavam a irracionalidade do povo, agindo apenas em favor de seus desejos e interesses pessoais, assim como a relação estabelecida entre a realização interna da democracia e o imperialismo ateniense, recompunham estruturas formais do elogio, contendo também uma verdadeira teoria do poder e da dominação.[22] Modelo principal de história que, por meio de exemplos, buscava formular lições sobre os fundamentos da ação política, tendo em vista a suposição da constância da natureza humana, a escrita histórica de Tucídides também explicava as vitórias e derrotas nas guerras a partir do esquema trágico de condenação da desmedida, reconfigurando o conflito entre desejo e razão, ou entre poder e justiça, que atravessava o imaginário grego.[23]

A busca de novos critérios de fundamentação de seu discurso, que fortaleciam as exigências lógicas de verossimilhança, por outro lado, traduzia também um momento de maior laicização do mundo político, que acompanhava as transformações nas práticas de luto por meio da contenção e repreensão aos sentimentos, às expressões corporais da dor, às antigas formas aristocráticas de lamentação e às demonstrações diretas do sofrimento pela perda. Os critérios de dialogismo e não contradição das novas práticas discursivas,[24] amparadas no controle do desejo e das emoções por

---

22 Ver também GAGNEBIN, Jeanne-Marie. *Sete aulas sobre linguagem, memória e história*. Rio de Janeiro: Imago, 2005. Sobre a escrita histórica de Tucídides, consultar ainda ROMILLY, Jacqueline de. *História e razão em Tucídides*. Brasília: UnB, 1998.

23 O modelo de história de Tucídides se tornaria duradouro, inclusive devido à sua "retoricização" pelos romanos, conforme a famosa expressão de Cícero sobre a "história mestra da vida". Ver, entre outros, PIRES, Francisco Murari. *Modernidades tucidideanas*. São Paulo: Edusp, 2007. KOSELLECK, Reinhart. *Futuro passado. Contribuição à semântica dos tempos históricos*. Rio de Janeiro: Contraponto/PUC-Rio, 2006.

24 Sobre as novas exigências dialógicas e de não contradição dos discursos, que contradiziam com a verdade do discurso eficaz dos "mestres da verdade", ver DETIENNE, Marcel. *Mestres da verdade na Grécia Arcaica*. São Paulo: Martins Fontes, 2013.

meio da racionalidade dos recém-inaugurados modelos de palavra política, remetem novamente para o plano das racionalidades e sensibilidades políticas, indicando as relações estreitas entre os modos da escrita histórica nascente, as formas do elogio (inclusive, em suas manifestações como exercício do luto) e as representações do poder características da experiência da *pólis* democrática.

Estudos sobre a Modernidade: Iluminismo, morte violenta e ritualizações da história em Bonnet, Koselleck e Catroga

O elogio como discurso de louvor em Jean-Claude Bonnet e a iconologia da morte violenta de Reinhart Koselleck

Se tomarmos por fundamento o estudo de Jean-Claude Bonnet, uma ruptura mais efetiva com todo o imaginário milenar da oração fúnebre ocorreria, sobretudo, no século XVIII, com a inauguração do elogio acadêmico como forma nova de celebração dos mortos.[25] Ressaltando a institucionalização dessa prática em 1758, a partir dos concursos de louvor aos "grandes homens" estabelecidos

---

25 BONNET, Jean-Claude. "Les morts illustres. Oraison funèbre, éloge académique, nécrologie". In: NORA, Pierre (Dir.). *Les lieux de mémoire. La nation. L'idéel. La gloire.* Paris: Gallimard, 1997, p. 1831-1854.

pela Academia Francesa, seu estudo também poderia facilmente ser associado ao que chamamos aqui de sensibilidades e racionalidades políticas, tendo em vista tratar-se de toda uma recomposição dos mecanismos de distribuição dos critérios de distinção em favor da construção utópica de uma sociedade mais homogênea e igualitária, menos fundada numa hierarquia de ordens.[26]

Menos escatológico do que comemorativo, contrapondo à eloquência sagrada do orador um novo ideário de virilidade encarnado no personagem do filósofo, o discurso acadêmico de louvor aos grandes homens estava relacionado tanto com uma recomposição do gênero do elogio quanto com formas novas de representação do poder. Teríamos, portanto, um momento de laicização da memória que guardaria relação com certa reconfiguração social, indicada na substituição de Deus pela opinião pública como destinatária do discurso, focado no julgamento dos homens por meio da tópica da posteridade e remetendo não apenas para uma idealizada República das Letras, mas para a figura do cidadão como substituição imaginada do súdito numa sociedade de Antigo Regime. Esse novo imaginário, com sua ética utilitária e universalista, seria fundamental na própria formação do imaginário da República e da Nação, se expressando no Panteão revolucionário, nos grandes funerais nacionais e, posteriormente, nos diversos tipos de "suportes" por meio dos quais o elogio como discurso de glorificação se manifestaria no século XX.

Assim como em Nicole Loraux, a análise do novo gênero discursivo por Bonnet valorizaria seus condicionantes históricos, relacionando-o com toda uma recomposição do imaginário que fundamentava uma economia de glorificação determinada, não obstante enfatizasse menos o estudo etnográfico das novas práticas rituais a ele associadas. Não pareceria discrepante entendermos tais refor-

---

26 Do mesmo autor, consultar também *Naissance du panthéon. Essai sur le culte des grands hommes*. Paris: L'Esprit de la Cité/Fayard, 1998.

mulações pela chave das novas racionalidades e sensibilidades políticas já indicadas. Por outro lado, embora ressaltasse as relações entre o novo gênero e a constituição de uma concepção linear e acumulativa de tempo, trazendo elementos importantes para pensar as reformulações do discurso histórico, o estudo de Bonnet não estava voltado para uma comparação mais profunda entre esses diferentes gêneros. O problema das formas da representação histórica pode ser tomado como implicitamente indicado, mas de forma indireta, pelos laços que interligam a história e o gênero do elogio.[27]

As reformulações por que passava o culto dos mortos no período da chamada Modernidade, além do elogio acadêmico, podem ser também analisadas a partir das alterações que caracterizaram o aumento das práticas de monumentalização da morte violenta, conforme análise presente em alguns estudos de Reinhart Koselleck. Em texto ainda de fins dos anos 1970, o historiador alemão apontou uma alteração importante nos padrões iconográficos dos monumentos a partir da segunda metade do século XVIII, sugerindo que as imagens dos mortos em batalhas teriam se transformado em verdadeiros signos da Idade Moderna.[28] Na sua interpretação, a perda de força do sentido transcendente conferido à morte dentro da interpretação cristã teria possibilitado a elaboração de representações focadas em objetivos "intramundanos", referidos a finalidades políticas e tendo por consequência uma maior *funcionalização* da morte. Cada vez menos compreendida apenas como uma transição para o ultraterreno, a morte teria passado por um

---

27 Sobre a presença da morte na filosofia e na literatura durante o Iluminismo, conferir FAVRE, Robert. *La mort dans la littérature et la pensée françaises au siècle des Lumières*. Lyon: Presses universitaires de Lyon, 1978.

28 KOSELLECK, Reinhart. "Monumentos a los caídos como lugares de fundación de la identidad de los supervivientes". In: ____. *Modernidad, culto a la muerte y memoria nacional*. Madri: Centro de Estudios Políticos y Constitucionales, 2011, p. 73.

processo de *ideologização*, além de ser *temporalizada*, já que o uso pedagógico de natureza política seguiria outorgando metas ao futuro dos sobreviventes e apontando para promessas de transformação ainda no mundo dos vivos.

À *funcionalização* de natureza política e ideológica e à *temporalização* corresponderia outro fenômeno tipicamente moderno: a *democratização* do culto aos mortos. Se, antes, qualquer pretensão de igualdade ficaria referida apenas ao além cristão, conservando-se as diferenças de uma sociedade estamental nas representações mortuárias, a partir de então a imortalidade terrena seria cada vez mais extrapolada para todos, configurando uma verdadeira *democratização* do acesso aos monumentos de eternização na lembrança. Assim como nas suas reflexões sobre as mudanças no conceito de história, a Revolução Francesa teria sido um acontecimento fundamental para a compreensão das novas transformações, inaugurando rememorações por meio de monumentos aos vencidos (anteriormente, resguardados às comemorações dos vitoriosos) e introduzindo, por meio de acordos da Convenção, a obrigatoriedade de recordar individualmente os nomes de todos os mortos, tendo em vista os anseios de igualitarismo e democratização.[29]

---

29 Embora a ênfase no papel da Revolução Francesa já estivesse presente no texto de 1979, a referência à obrigatoriedade de recordar individualmente todos os mortos apareceria num estudo que Koselleck publicou em 2002. Conferir KOSELLECK, Reinhart. "La transformación de los monumentos políticos a los caídos en el siglo XX". In: *Modernidad, culto a la muerte y memoria nacional*. Madri: Centro de Estudios Políticos y Constitucionales, 2011, p. 103-128. Ver também KOSELLECK, Reinhart. *Futuro passado. Contribuição à semântica dos tempos históricos*. Rio de Janeiro: Contraponto/PUC-Rio, 2006. ____. *Los estratos del tiempo*. Barcelona/Buenos Aires/México: Paidós I.C.E/U.A.B, 2013 (*Estratos do tempo*. Rio de Janeiro: PUC/ Contraponto, 2014). ____. *L'expérience de l'histoire*. Paris: Seuil/Gallimard, 1997. ____. *historia/Historia*. Madri: Editorial Trotta, 2004 (*O conceito de história*. Belo Horizonte: Autêntica, 2013). ____. *Esbozos teóricos. Sigue teniendo utilidad la história?* Madri: Escolar y Mayo, 2013. ____. *The practice of conceptual History. Timing History, spacing concepts*. Standford: Standford University Press, 2002. ____. *Crítica e crise: uma contribuição*

Além das reflexões sobre os traços análogos dos monumentos aos mortos produzidos, sobretudo, após a Revolução Francesa, Koselleck analisaria as transformações iconográficas que ganharam força depois da Primeira Guerra Mundial. A relação afirmativa com os processos e acontecimentos que causaram a morte violenta, presente tanto nos monumentos aos vencedores como aos vencidos, tenderia a ser substituída por uma mensagem indicativa de que o sentido já não poderia mais ser pressuposto ou encontrado.[30] No caso da Segunda Guerra Mundial, após eventos como as bombas de Hiroshima e Nagasaki e, principalmente, o genocídio produzido pelo nacional-socialismo, a única mensagem possível, em muitos casos, remeteria à ausência de sentido, ao total desespero e ao caráter absurdo da morte violenta.[31] Koselleck, novamente, analisaria vários monumentos nacionais para comprovar sua tese, diretamente relacionada com as intervenções que faria no debate público sobre os critérios de produção de monumentos ao Holocausto na Alemanha.[32]

O mais importante é que suas análises, além de trazerem várias interrogações análogas às teses sobre as transformações no conceito de história na Modernidade, apontavam para uma sensibilidade so-

---

à patogênese do mundo burguês. Rio de Janeiro: EDUERJ/Contraponto, 1999.

30 KOSELLECK, Reinhart. "La transformación de los monumentos políticos a los caídos en el siglo XX". In: *Modernidad, culto a la muerte y memoria nacional*. Madri: Centro de Estudios Políticos y Constitucionales, 2011, p. 103-128.

31 *Ibidem*, p. 117.

32 Sobre o tema, consultar, além da entrevista de Koselleck ao final do livro aqui citado (*Modernidad, culto a la muerte y memoria nacional*), os estudos de Faustino Oncina: ONCINA, Faustino. "Introducción". In: KOSELLECK, Reinhart. *Modernidad, culto a la muerte y memoria nacional*. Madri: Centro de Estudios Políticos y Constitucionales, 2011, p. IX-LXV. ____. "Necrológica del *Outsider* Reinhart Koselleck: el 'historiador pensante' y las polémicas de los historiadores", *Isegoría*, n. 37, 2007, p. 35-61. ____. *Historia conceptual, Ilustración y Modernidad*, México, Anthropos Editorial, 2009. Conferir também OLSEN, Nlikas. *History in the plural*. New York/Oxford: Berghahn Books, 2012.

cial e política que, repercutindo na linguagem dos monumentos, seria dificilmente transferível para além das gerações.[33] A valorização de um contexto iconológico que funcionaria como uma espécie de "espaço de experiência político", partilhado geracionalmente, permitiria refletir sobre uma possível aposta na audibilidade e visibilidade como sentidos pelos quais entramos em contato com o mundo antes mesmo de sua legibilidade, conforme destacou Faustino Oncina.[34] A valorização desse componente estético no estudo dos monumentos políticos de culto aos mortos, evidente na afirmação koselleckiana de que "a história estética cria sua própria sucessão imanente, que não é redutível à história puramente política", permitiria novamente indicar uma possível aproximação com o que temos chamado de estudos sobre sensibilidades e racionalidades políticas.[35]

É interessante notar, entretanto, que, ao mesmo tempo em que parecia abrir espaço para uma reflexão sobre a estética da política, a análise de Koselleck se pautava em formulações que, em certos momentos, pareciam não apenas separar esses campos, mas conferir mais ênfase ao primeiro, como aconteceria na tese de que as

---

33 KOSELLECK, Reinhart. "Monumentos a los caídos como lugares de fundación de la identidad de los supervivientes". In: ____. *Modernidad, culto a la muerte y memoria nacional*. Madri: Centro de Estudios Políticos y Constitucionales, 2011, p. 73.

34 ONCINA, Faustino. "Introducción". In: KOSELLECK, Reinhart. *Modernidad, culto a la muerte y memoria nacional*. Madri: Centro de Estudios Políticos y Constitucionales, 2011, p. XXIII e XXVIII.

35 KOSELLECK, Reinhart. "La transformación de los monumentos políticos a los caídos en el siglo XX". In: *Modernidad, culto a la muerte y memoria nacional*. Madri: Centro de Estudios Políticos y Constitucionales, 2011, p. 103. Apesar das aproximações aqui formuladas, a proposta de Koselleck deve ser diferenciada daquela de Jean-Claude Bonnet, mais próxima do que ficou conhecido como "história das mentalidades" na historiografia francesa. O próprio Koselleck ressaltaria que: "Tampouco a história das tomadas de posição e os comportamentos - a chamada história das mentalidades - se ajusta de modo exato à história que as obras de arte nos mostram em sua sucessão". Ibidem, p. 103. (tradução livre)

reformulações nos padrões estilísticos dos monumentos a partir da Primeira Guerra Mundial representavam um esvaziamento de seu sentido político.[36] Suas afirmações acerca da memória e dos monumentos de culto aos mortos parecem guardar vínculos com o enfoque filosófico-antropológico de sua *Historik*, que, através de interrogações sobre as condições de possibilidade do relato e da experiência histórica, buscaria resgatar a contingência ressaltando a descontinuidade entre os sentidos primários das experiências e suas formas coletivas de recordação, tendo em vista as inexoráveis rupturas que caracterizariam as mudanças entre as gerações históricas.[37]

As preocupações de Koselleck com uma iconologia da morte violenta, ao mesmo tempo em que repercutiam suas teses acerca da nova experiência temporal que impulsionaria a reconfiguração do conceito de história no período chamado de *Stalzeitt*, podem ser confrontadas com as diferenças estabelecidas pelo próprio historiador alemão em relação a possíveis interrogações sobre o sentido existencial da história.[38] Mesmo que a identificação dos processos

---

[36] "É numerosa a longa série de monumentos que não contêm qualquer objeto e que também renunciam ao corpo humano. Sua função política se reduz, bem como a questão do seu significado, sem que possam fornecer imagens que sirvam de respostas". Ibidem, p. 98. (tradução livre)

[37] Embora já se tenha sugerido que as relações entre as reflexões de Koselleck sobre a memória e os monumentos de culto aos mortos são fragmentárias, de difícil relação com suas elaborações no campo da *Begriffsgeschichte*, autores como Faustino Oncina ressaltaram uma relação estreita entre os estudos iconológicos de Koselleck e sua *Historik*. Para o primeiro caso, conferir OLSEN, Nlikas. *History in the plural*. New York/Oxford: Berghahn Books, 2012. Para o segundo, ver ONCINA, Faustino. "Necrológica del *Outsider* Reinhart Koselleck: el 'historiador pensante' y las polémicas de los historiadores", *Isegoría*, n. 37, 2007, p. p. 57. Analisei, de forma preliminar, algumas implicações das teses de Koselleck sobre as descontinuidades entre experiências primárias e formas secundárias de recordação em MARCELINO, Douglas Attila. "Experiências primárias e descontinuidades da recordação: notas a partir de um texto de Reinhart Koselleck". *Tempo &Argumento*, v. 8, n. 19, p. 338-373, set./dez. 2016.

[38] O próprio Koselleck ressaltaria a diferença do problema que formulara em relação à ontologia heideggeriana: "Os monumentos aos mortos pressu-

de *politização, funcionalização, temporalização* e *ideologização* pressupusesse uma evidente analogia com os estudos sobre os usos do conceito de história, sugerindo que a interpretação dos novos significados dados aos monumentos à morte violenta permitiria refletir sobre as reconfigurações das formas de representação histórica, não parece ter havido um tratamento mais direto da relação entre o sentido último que interligaria as práticas de culto aos mortos e a historiografia por Reinhart Koselleck.

Ritualizações da história e culto cívico dos mortos em Fernando Catroga[39]

Os estudos de Reinhart Koselleck guardam diferenças dos de Fernando Catroga, autor que também se preocupou com a historicidade das práticas de ritualização da morte e suas especificidades dentro das novas formas de sensibilidade e afetividade que despontaram, sobretudo, a partir da segunda metade do século XVIII. As reflexões do historiador português nesse plano ganharam mais expressividade a partir de sua tese doutoral, *Militância laica e descristianização da morte em Portugal (1865-1911)*, defendida em 1988,[40]

---

põem esta constatação que Heidegger analisou posteriormente como 'ser-para-a-morte' (...) Outra questão diferente é a relativa aos monumentos aos mortos que devem recordar uma morte violenta produzida por mãos humanas". KOSELLECK, Reinhart. "Monumentos a los caídos como lugares de fundación de la iden¬tidad de los supervivientes". (tradução livre). In: ____. *Modernidad, culto a la muerte y memoria nacional*. Madri: Centro de Estudios Políticos y Constitucionales, 2011, p. 68.

39 Uma primeira versão da parte deste texto que analisa a obra de Fernando Catroga foi publicada em MARCELINO, Douglas Attila. "Culto cívico dos mortos e escrita da história: reflexões sobre a obra de Fernando Catroga". *Anos 90. Revista do Programa de Pós-Graduação em História da UFRGS*, v. 23, n. 44, p. 297- 323, dez, 2016.

40 CATROGA, Fernando. *Militância laica e descristianização da morte em Portugal (1865-1911)*. Tese de doutorado defendida na Faculdade de Letras da Universidade de Coimbra, Coimbra, 1988. Parte deste trabalho deu origem ao livro

embora as preocupações com o tema estejam relacionadas com pesquisas anteriores sobre o positivismo em Portugal.[41] Tratava-se também de uma forma particular de estudar o republicanismo português, conforme ressaltou Antonio Pita,[42] assunto que, paralelamente ao dos ritos mortuários, acabou gerando uma extensa bibliografia.[43] As investigações de Catroga sobre o pensamento de Antero de Quental, por outro lado, não deixaram de guardar vínculos com o tema da morte e das "raízes metafísicas" de suas ideias.[44]

CATROGA, Fernando. *O céu da memória. Cemitério romântico e culto cívico dos mortos em Portugal (1756-1911)*. Coimbra: Minerva, 1999.

41 Segundo Fernando Catroga, suas preocupações com o tema das comemorações cívicas, entre eles o das práticas de culto dos mortos, surgiram de seus estudos sobre o positivismo: "Diria que minha escola nesta matéria foi a 'leitura das fontes' e a eleição de Comte como um sintoma das necessidades que todos os Estados-nação têm de segregar uma religião civil". CATROGA, Fernando; FERREIRA, Marieta de Moraes. "Entrevista a Fernando Catroga". *Revista Brasileira de História*, v. 29, n. 58, dez. 2009, p. 472. Os estudos de Fernando Catroga sobre o positivismo se iniciaram ainda nos anos 1970, com a apresentação do estudo final de sua licenciatura, que foi publicado, em grande parte, em CATROGA, Fernando. "Os inícios do positivismo em Portugal: o seu significado político-social". *Revista de História das Ideias*, Coimbra, v. 1, 1977, p. 287-394. Conferir também CATROGA, Fernando. "A importância do positivismo na consolidação da ideologia republicana em Portugal". *Biblios*, Coimbra, 1977, p. 285-327.

42 PITA, António Pedro. "Fim da história, tempo e experiência". In: GARNEL, Rita; OLIVA, João Luís (Orgs.). *Tempo e história, ideias e políticas*: estudos para Fernando Catroga. Coimbra: Almedina, 2015, p. 62-63.

43 Uma compilação recente da obra de Catroga pode ser encontrada em NOBRE, Sónia. "Bibliografia essencial de Fernando Catroga". In: GARNEL, Rita; OLIVA, João Luís (Orgs.). *Tempo e história, ideias e políticas: estudos para Fernando Catroga*. Coimbra: Almedina, 2015, p. 623-636. São vários os estudos sobre republicanismo, podendo-se ressaltar, como obra de síntese, CATROGA, Fernando. *O republicanismo em Portugal. Da formação ao 5 de outubro de 1910*. Lisboa: Casa das Letras, 2010 (a primeira edição é de 1991).

44 Foram vários os estudos dedicados a Antero de Quental, parte importante deles reunidos em CATROGA, Fernando. *Antero de Quental. História, socialismo, política*. Lisboa: Editorial Notícias, 2001.

Esse conjunto de pesquisas deu origem a um olhar eminentemente histórico sobre o tema da morte, sempre inserido numa perspectiva mais geral acerca das atitudes perante a morte na Europa cristã, mas com estudos mais sistemáticos sobre o período que se seguiu à "revolução romântica" dos cemitérios e ao fortalecimento do republicanismo em Portugal.[45] Esses estudos mais específicos não deixaram de trazer reflexões sobre os sentidos existenciais das práticas mortuárias, conferindo densidade teórica às interrogações produzidas.[46] Sem desconsiderar as singularidades das novas formas de ritualização do luto, Catroga as compreenderia por sua relação com os desejos de eternização característicos do homem em sua condição de ser finito e marcado pela consciência de sua destinação à morte, enfatizando sua historicidade por meio de um olhar antropológico atento à dimensão coletiva dos ritos de recordação.

---

45 Além de *Militância laica e descristianização da morte em Portugal* e de *O céu da memória*, algumas pesquisas parciais sobre o tema do culto dos mortos são: CATROGA, Fernando. "Heterodoxias e resistências no último rito de passagem: os funerais civis antes da República". *Ler História*, n. 33, 1997, p 115-140. ____. "A monumentalidade funerária como símbolo de distinção social". In: *Os brasileiros de torna-viagem* (Comissão Nacional para as Comemorações dos Descobrimentos Portugueses), 2000, p. 167-179. ____. "Laicização e democratização da necrópole em Portugal (1756-1911)". *Cultura, História e Filosofia*, v. 6, 1987, p. 453-504. ____. "A cremação na época contemporânea e a dessacralização da morte: o caso português". *Revista de História das Ideias*, v. 8, 1986, p. 223-268. ____. "Revolução e secularização dos cemitérios em Portugal. Inumistas e cremacionistas". In: COELHO, António Matias (coord.). *Atitudes perante a morte*. Coimbra: Minerva, 1991, p. 95-176. ____. "Morte romântica e religiosidade cívica". In: MATTOSO, José. *História de Portugal. O Liberalismo*. Lisboa: Círculo de Leitores, 1993, p. 545-561 (v. 5).

46 Fernando Catroga não desprezou o olhar histórico e relativizou a hierarquização entre diferentes modos de tratamento do tema da morte: "Se toda esta fenomenologia tem uma via teórica privilegiada – a analítica existencial (Heidegger, Levinas) –, não são de menor valor, porém, os caminhos abertos pela biologia, pela antropologia cultural, pela etnologia e pela história das mentalidades". CATROGA, Fernando. *O céu da memória. Cemitério romântico e culto cívico dos mortos em Portugal (1756-1911)*. Coimbra: Minerva, 1999, p. 7.

Esse tipo de interrogação não conduziria a um tratamento do ser em sua temporalidade fundamental, mas para práticas simbólicas cuja dissimulação da finitude estaria ligada a exigências mais profundas de enraizamento do homem em totalidades genealógicas imaginadas, tendo em vista que os anseios afetivos e identitários de pertencimento a coletivos e de transmissão de sua herança são condições fundamentais da existência. As práticas simbólicas de tradução ritual do luto, nessa perspectiva, ficariam condicionadas às transformações históricas, sofrendo as implicações modernas do processo de secularização da escatologia cristã, pois a tendência à transferência dos desejos e esperanças de salvação para o mundo terreno sobrevalorizaria a memória histórica e impulsionaria a elaboração de leituras mais racionalizadas do passado, fomentando, assim, formas diversas de ritualização da história, dentre as quais a historiografia.[47]

Mais do que qualquer outro, o culto romântico dos mortos manifestaria essas novas demandas de monumentalização, caracterizadas também por uma sensibilidade temporal de fundo historicista, com seus anseios de perfectibilidade, suas expectativas acerca de um tempo progressivo, irreversível e cumulativo. Trata-se, por-

---

47 Fator que explicaria a relação estreita entre a importância conferida à história no Oitocentos e a determinadas práticas memoriais, como o culto cívicos dos mortos. "Ritualizações da história" é o título da parte final do livro CATROGA, Fernando; TORGAL, Luis Reis; MENDES, José Amado. *História da história em Portugal. Séculos XIX-XX*. Lisboa: Círculo de Leitores, 1996. O tema da secularização, já presente em *Militância laica e descristianização da morte em Portugal (1865-1911)*, inclusive no que diz respeito à diferença entre este conceito e o de laicização, daria origem a vários textos, com destaque para o extenso *Entre Deuses e Césares. Secularização, laicidade e religião civil. Uma perspectiva histórica*. Coimbra: Almedina, 2006. Uma síntese das ideias de Fernando Catroga sobre o tema pode ser consultada em CATROGA, Fernando. "Secularização e laicidade. Uma perspectiva histórica e conceptual". *Revista de História das Ideias*, v. 25, 2004, p. 51-127. Conferir também, para as mudanças antes apontadas, além de *O Céu da memória*, *Os passos do homem como restolho do tempo. Memória e fim do fim da história* (Coimbra: Almedina, 2009).

tanto, de toda uma forma de racionalidade e afetividade que, além de transformar as práticas rituais já existentes, como a eleição das sepulturas como lugar fundamental de recordação, a maior dramatização da perda e a personalização dos grandes funerais nacionais, fortaleceria o sentido político da memória, aumentando as disputas e conflitos pelo monopólio dos suportes e ritos de eternização pela lembrança.[48] Isto porque, na leitura de Catroga, quanto mais extensa a coletividade imaginada, mais sujeita ficaria à manipulação e aos mecanismos político-ideológicos, embora o uso mais racionalizado do passado, que remete para recursos mais artificiais como a "fabricação" e a "invenção", não fosse compreendido como uma total ruptura em relação às formas mais espontâneas de construção de memória em suas dimensões comunitárias e afetivas.

A preocupação com a raiz metafísica dos impulsos que impelem o homem a cultuar os mortos, tendo em vista sua natureza como ser construtor de cultura e de memória, tornaria Catroga sensível, inclusive, aos fundamentos familiares das novas práticas simbólicas de exaltação dos "grandes homens" que discutimos a partir da análise de Jean-Claude Bonnet. Na verdade, não apenas haveria certa continuidade entre o culto familiar dos mortos e a constituição de um novo "imaginário do Panteão", mas a própria sepultura seria um símbolo referido à perpetuação das famílias, permitindo exemplificar a continuidade existente entre as novas práticas de visita aos cemitérios e as comemorações políticas:

> Defende-se assim que, mesmo à escala familiar da "visita ao cemitério", é possível surpreender as características que, numa evidente transferência analógica, as comemorações políticas de raiz tanatológica explicitarão de uma maneira ainda mais evidente. A comemoração é herdeira,

---

48 CATROGA, Fernando. *O céu da memória. Cemitério romântico e culto cívico dos mortos em Portugal (1756-1911).* Coimbra: Minerva, 1999, p. 28 ss.

> não só da solenidade da cerimônia pública de elogio e de menção de um nome, como implica a sacralização do evocado, desenrolando-se, em similitude com a sua matriz – o ato religioso do culto dos mortos -, num rito eficaz para a memória e, principalmente, para o destino dos vivos.[49]

Note-se que, num plano mais profundo, não se trata apenas de considerar a continuidade entre práticas coexistentes em termos históricos, mas de uma compreensão dos fundamentos culturais dos mecanismos de enraizamento em formações coletivas por meio de construções simbólicas e imaginárias. Até porque a noção de família remeteria, em última instância, àquela de *pátria*, tomada em outro texto do autor como uma "espécie de alfa fundador de todas as filiações étnico-culturais e políticas, matriz que age como um apelo, ou melhor, como uma herança, cujo dever de transmissibilidade acena para contornos escatológicos".[50] Presente ainda nos poemas homéricos como forma originária de identificação coletiva, quando resguardava um sentido predominantemente relacionado à população e ao território, a noção de *pátria* deveria ser diferenciada de outras como *patriotismo*, *nação* e *nacionalismo* justamente considerando o maior ou menor grau de institucionalização e uso político dessas construções imaginadas em relação às demandas afetivas e identitárias do homem pela homogeneização dos sentimentos de pertença.[51]

---

49 *Ibidem*, p. 23.

50 CATROGA, Fernando. "Pátria, nação e nacionalismo". In: TORGAL, Luís Reis; PIMENTA, Fernando Tavares; SOUSA, Julião Soares (Orgs.). *Comunidades imaginadas. Nação e nacionalismos em África*. Coimbra: Imprensa da Universidade de Coimbra, 2008, p. 21.

51 "Como se viu, no significado de pátria, a população e, em certa medida, o território tendem a sobrepor-se à faceta institucional, e a sua funcionalidade é dita numa linguagem lírica, afetiva e maternal, que antropomorfiza, tanto o território, transformando-o em paisagem, como a população, que se metamorfoseia numa comunidade fraternal de com/patriotas". CATROGA, Fernando. "Pátria, nação e nacionalismo". In: TORGAL, Luís Reis; PIMEN-

A pressuposição de certa continuidade entre o culto familiar dos mortos e as comemorações políticas de natureza tanatológica deve ser compreendida em sua ligação com a forma relacional e não dicotômica de tratamento de pares conceituais como *recordação e comemoração, memória individual e memória coletiva*, ou mesmo *história e memória*. Nesse caso, o afastamento da tendência cientificista presente em determinadas obras de Maurice Halbwachs, propensas a certa reificação da "memória coletiva", não impediu Catroga de entender a recordação sempre como um ato de alteridade, que tomaria de empréstimo formas públicas de produção narrativa de sentido, dialogando com a perspectiva de Paul Ricoeur, para quem a memória do indivíduo deveria ser entendida como um fenômeno relacional e intersubjetivo.[52] Daí a importância da linguagem pública do rito, fenômeno que, por sua natureza memorial, guardaria as mesmas características *pragmáticas* e *normativas* de outras práticas culturais dissimuladoras da morte, como a própria historiografia, também caracterizada por suas funções existenciais de *distinção, filiação e identificação*.[53]

Como se pode notar, a ênfase na continuidade entre as novas práticas políticas de culto dos mortos e formas mais espontâneas e anteriores de ritualização do luto indicaria certa diferença em relação à abordagem de Reinhart Koselleck, tendo em vista as pressuposições do historiador alemão de uma *funcionalização* e *politização* características da Modernidade. Tal aspecto parece relacionado ao modo como os fundamentos existenciais da historiografia como

---

TA, Fernando Tavares; SOUSA, Julião Soares (Orgs.). *Comunidades imaginadas. Nação e nacionalismos em África*. Coimbra: Imprensa da Universidade de Coimbra, 2008, p. 20.

52 CATROGA, Fernando. *Os passos do homem como restolho do tempo. Memória e fim do fim da história*. Coimbra: Almedina, 2009, p. 13-14.

53 Ibidem, p. 24 ss.

rito de recordação apareceriam na obra de Fernando Catroga.[54] O questionamento mais amplo sobre as formas diversas de ritualização da história, por outro lado, permitiu ao historiador português retomar as comparações que Michel de Certeau já havia estabelecido entre a historiografia e o rito de sepultamento. Tal comparação, assim como a compreensão dessas formas de ritualização da história por sua ligação com as noções de *dívida* e *herança*, permitem entender certas diferenças em relação a Koselleck, ressaltando a relevância do tema para uma reflexão sobre a própria historiografia.

Diálogos com Michel de Certeau e Paul Ricoeur: morte e história

É importante notar que a retomada da comparação que Michel de Certeau havia estabelecido entre a escrita da história e o rito de sepultamento foi feita por Fernando Catroga referindo-se à apropriação que Paul Ricoeur havia elaborado da obra do historiador

---

54 As reflexões meta-históricas de Reinhart Koselleck estavam relacionadas com preocupações sobre o homem como ser temporal e, portanto, com questões essenciais para pensar sua condição histórica, conforme se poderia notar, inclusive, pelo diálogo estabelecido com a "analítica existencial" heideggeriana. Note-se, por outro lado, que mais de um analista já destacou certa dificuldade de estabelecer relações mais estreitas entre essas interrogações meta-históricas e suas investigações empíricas, mesmo considerando seus estudos mais sistemáticos no campo da *Begriffsgeschichte*. Conferir VILLACAÑAS, José L. "Histórica, historia social e historia de los conceptos políticos". *Res Publica*, 11-12, 2003, p. 69-94. PALTI, E. J. "Introducción". In: KOSELLECK, R. *Los estratos del tiempo*. Barcelona/Buenos Aires/México, Paidós I.C.E/U.A.B, 2013, p. 9-32. ____. "Ideas, conceptos, metáforas. La tradición alemana de historia intelectual y el complejo entramado del lenguaje". *Res Publica*, 25, 2011, p. 227-248. CHIGNOLA, Sando. "Historia de los conceptos, historia constitucional, filosofia política. Sobre el problema del léxico político moderno". *Res Publica*, 11-12, 2003, p. 27-67. ____. "Historia de los conceptos e historiografia del discurso político". *Res Publica*, 1, 1998, p. 7-33. DUSO, Giuseppe. "Historia conceptual como filosofía política". *Res Publica*, 1, 1998, p. 35-71. Retomaremos o problema da relação entre reflexões ontológicas, históricas e epistemológicas na obra de Fernando Catroga mais adiante.

francês.[55] Nesse caso, além da remissão aos fundamentos existenciais da historiografia como forma de exorcização da morte, sua interpretação parecia aproximar-se da ênfase que Ricoeur conferiu à escrita histórica como exercício do luto na sua dimensão de assimilação da perda que atua performativamente, abrindo um campo de possibilidades e de projetos de futuro a partir do lugar conferido àqueles que se foram.[56] Tratava-se, em Ricoeur, de uma retomada das formulações de Michel de Certeau em contraposição à ontologia fundamental heideggeriana e sua caracterização do sentido último do *Dasein* como "ser-para-a-morte". Nesse caso, o trabalho de luto indicado na "operação historiográfica" fundamentaria uma ontologia do "ser-contra-a-morte", pela qual a historiografia não corresponderia a um nível menos autêntico de temporalidade, mas a uma forma narrativa veiculadora de expectativas de futuro por meio de interrogações sobre as potencialidades perdidas nas experiências do passado.[57]

Também as noções de *dívida* e *herança*, fundamentais para pensar a relação entre a representação histórica e outros ritos de recordação, foram mencionadas por Catroga a partir das reformulações presentes na obra de Ricoeur, cujas interpretações dos tex-

---

55 "E, não deixa de ser sintomático que Ricoeur tenha encontrado na teorização de Michel de Certeau sobre a escrita da história uma certeira passagem da 'sepultura-lugar' para a 'sepultura-gesto'". CATROGA, Fernando. *Os passos do homem como restolho do tempo. Memória e fim do fim da história.* Coimbra: Almedina, 2009, p. 39.

56 Conferir RICOEUR, Paul. *La mémoire, l'histoire, l'oubli.* Paris: Seuil, 2000, especialmente p. 449-502.

57 *Ibidem*, p. 480 ss. Talvez em sentido aproximado possamos compreender a remissão de Fernando Catroga a Walter Benjamin, ressaltando o papel do historiador como o daquele que deveria "salvar o passado". CATROGA, Fernando. *Os passos do homem como restolho do tempo. Memória e fim do fim da história.* Coimbra: Almedina, 2009, p. 45-46.

tos de Heidegger e Michel de Certeau foram singulares.[58] Apesar do sentido mais próximo ao da noção de *dívida* elaborada por Certeau, Ricoeur já havia contrabalançado a ênfase dada à presença do passado no presente como marca de uma ausência ou diferença pela valorização do caráter positivo da vida como tendo-sido, reconsiderando o presente do passado como herança de potencialidades.[59] Além disso, Fernando Catroga definiria a historiografia como forma de *re-presentificação*, enfatizando a "representação histórica" como meio de dar futuros ao passado e fazendo lembrar a valorização do vivido e do sentido transformador da história presentes em Ricoeur. A noção de *re-presentificação*, por um lado, remetia à fórmula ricoeuriana de *representância*, estabelecendo também um diálogo crítico com as teses derivadas do chamado *linguistic turn* e reconhecendo o fundamento narrativo da historiografia sem reduzi-la aos componentes formais da escrita.[60] Por outro lado, acentuava sua dimensão memorial, destacando-a também como uma "poética da ausência", que *re-presentifica* o que já não mais existe.[61]

Da mesma forma que, para o historiador português, a "historiografia estuda o passado que já foi vida",[62] para o filósofo francês,

---

58 Fernando Catroga faria uma remissão direta a Paul Ricoeur ao tratar da noção de *dívida* em relação ao passado. *Ibidem*, p. 39. Para a leitura de Ricoeur sobre as noções de *dívida* e *herança* conforme presentes na obra de Heidegger, ver RICOEUR, Paul. *La mémoire, l'histoire, l'oubli*. Paris: Seuil, 2000, p. 472 ss.

59 RICOEUR, Paul. *Tempo e narrativa 3. O tempo narrado*. São Paulo: Martins Fontes, 2010, p. 252 ss.

60 CATROGA, Fernando. "O valor epistemológico da história da história". In: RIBEIRO, Maria Manuela Tavares (coord.). *Outros combates pela história*. Coimbra: Imprensa da Universidade de Coimbra, 2010, p. 37. Além de Ricoeur, Catroga remeteria também ao conceito de *re-presentação*, de Coolingwood.

61 *Ibidem*, p. 36.

62 *Ibidem*, p. 37.

"o historiador não se defronta apenas com mortos, para os quais constrói um túmulo escriturário; ele não se empenha apenas em ressuscitar viventes de antigamente, que já não existem, mas que existiram; ele se dedica a re-apresentar ações e paixões."[63] Vale ressaltar, nesse caso, que a própria comparação feita por Catroga entre a historiografia e os símbolos funerários se fundamentaria numa leitura destes últimos que não remetia apenas à morte, mas também à vida: "o símbolo funerário é metáfora de vida e convite a uma periódica ritualização unificadora; ele é para ser vivido e para ajudar a viver, oferecendo-se assim como um texto, cuja compreensão mais afetiva (a dos entes queridos) mobiliza, antes de mais, toda a subjetividade do sobrevivente".[64] Se considerarmos que Michel de Certeau, quando estabeleceu uma analogia entre a escrita histórica e o gesto de sepultamento, também se referia à morte do outro (o próprio passado), conferindo um sentido etnológico à historiografia como forma de uma sociedade lidar com a própria alteridade, talvez fique mais clara a interlocução estabelecida por Fernando Catroga com o historiador francês.[65]

---

63 RICOEUR, Paul. *La mémoire, l'histoire, l'oubli*. Paris: Seuil, 2000, p. 501.

64 CATROGA, Fernando. *O céu da memória. Cemitério romântico e culto cívico dos mortos em Portugal (1756-1911)*. Coimbra: Minerva, 1999, p. 22.

65 "Por um lado, no sentido etnológico e quase religioso do termo, a escrita [da história] desempenha o papel de um *rito de enterramento*; ela exorciza a morte introduzindo-a num discurso. Por outro lado, tem uma função *simbolizadora*; ela permite a uma sociedade situar-se, conferindo-lhe um passado na linguagem, o que abre um espaço próprio ao presente: 'marcar' um passado é conferir um lugar à morte, mas também redistribuir o espaço dos possíveis, determinar negativamente aquilo que está *por fazer* e, por consequência, utilizar a narratividade, que enterra os mortos, como meio de fixar um lugar para os vivos" CERTEAU, Michel de. *L'écriture de l'histoire*. Paris: Gallimard, 1975, p. 118. (Tradução livre) François Dosse tratou do problema da morte na obra de Michel de Certeau em DOSSE, François. *História e ciências sociais*. São Paulo: Edusc, 2004, p. 99 ss.

De fato, tratava-se, em Michel de Certeau, de uma comparação da escrita histórica com ritos de natureza coletiva, estruturados em torno de uma linguagem referida ao passado, por meio da qual as expectativas em relação ao futuro ganhariam significado, permitindo ao homem configurar o tempo e abrir um campo de possibilidades de ação no presente. A forma de lidar com a morte, portanto, remetia fundamentalmente para a relação com o outro, somente possível por meio de mecanismos intersubjetivos a partir dos quais qualquer desejo ou anseio em relação à natureza do homem como ser finito poderia adquirir sentido. Tal como na leitura lacaniana da psicanálise, que tanto marcou sua formação, esses questionamentos pareciam ultrapassar qualquer plano ontológico para tornarem-se mais próximos ao campo da ética (e, de certa forma, da própria política, podendo ser aproximadas das questões colocadas por Emmanuel Levinas e pelo próprio Ricoeur sobre o imaginário da morte).[66] A retomada do historiador francês por Fernando Catroga, portanto, também pode ser interpretada como uma leitura crítica em relação à busca de um tratamento do tema da morte que traz consigo implicações importantes para a historiografia, tendo em vista a tendência de desconsiderar sua função como prática que, possuindo também um sentido de natureza ritual, deveria fazer da relação com o outro o fundamento de sua própria existência (por exemplo, buscando reconstituir as formas específicas e historicamente determinadas de imaginar ou sentir a presença da morte, tal como vividas pelos homens do passado, modo por meio do qual poderíamos relativizar nossas próprias experiências).

---

66 LACAN, Jacques. *O seminário, livro 7: a ética da psicanálise*. Rio de Janeiro: Zahar, 1997. CERTEAU, Michel de. "Lacan: une éthique de la parole". In: ____. *Histoire et psychanalyse. Entre science et fiction*. Paris: Gallimard, 2002, p. 239-268. RICOEUR, Paul. "Vivo até a morte. Do luto e do júbilo". In: ____. *Vivo até a morte, seguido de Fragmentos*. São Paulo: Martins Fontes, 2012, p. 1-51. LEVINAS, Emmanuel. *Dieu, la mort et le temps*. Paris: Éditions Grasset & Fasquelle, 1993. DREIZIK, Pablo (Org.). *Lévinas y lo político*. Buenos Aires: Prometeo Libros, 2014.

Seria possível, nesse caso, fazer analogias entre a retomada do tema da morte nos últimos escritos de Paul Ricoeur, marcada por sua valorização do imaginário e dos sentidos coletivos dados à perda do outro, com as críticas de Catroga a qualquer pressuposição de inautenticidade dos ritos coletivos que, em sua devida historicidade, configuram práticas de tradução da experiência do luto.[67] Na verdade, o próprio Catroga ressaltaria a subvalorização da memória e do político na ontologia heideggeriana, contrapondo-a à filosofia política de Hannah Arendt.[68] Caberia perguntar, nesse caso, se a maior aproximação das formulações teóricas de Koselleck em relação à ontologia heideggeriana guarda relações com sua interpretação sobre a *politização* e *funcionalização* do culto dos mortos na Modernidade, tendo em vista uma possível subvalorização do papel estruturante das relações de poder que sempre fundamentam os ritos de recordação como formas pragmáticas e normativas que, perpetuando uma herança como dever, redistribuem os próprios critérios de distinção que sustentam as hierarquias sociais.[69]

---

[67] RICOEUR, Paul. "Até a morte. Do luto e do júbilo". In: ____. *Vivo até a morte, seguido de Fragmentos*. São Paulo: Martins Fontes, 2012, p. 1-51. Para uma leitura do texto de Paul Ricoeur sobre a morte como um confronto direto à ontologia heideggeriana, ver CRÉPON, Marc. *The thought of death and the memory of war*. Minneapolis: University of Minnesota Press, 2013.

[68] CATROGA, Fernando. *Os passos do homem como restolho do tempo. Memória e fim do fim da história*. Coimbra: Almedina, 2009, p. 17 ss.

[69] José Luis Villacañas, indicando a presença da concepção acerca do político de Carl Schmitt nos textos de Reinhart Koselleck, ressaltou que "tampoco en la obra de Koselleck podemos hallar una sola palabra sobre la fuente de la legitimidad de los mandantes". VILLACAÑAS, José L. "Histórica, historia social e historia de los conceptos políticos". *Res Publica*, 11-12, 2003, p. 87. Para contrabalança-lo, Villacañas apontava para uma retomada dos estudos de Max Weber, como forma de repensar a história dos conceitos. Numa leitura diferente, Giuseppe Duso aproximaria Koselleck e Weber, percebendo aí sua dependência das elaborações conceituais modernas e sua aposta na história como conhecimento científico. Sua proposta, que visaria transformar a história dos conceitos em filosofia política, parece muito arriscada, por tornar o problema do poder algo específico do pensamento moderno. DUSO, Giuse-

Diferentes diálogos com a sociologia e a antropologia

Trata-se, como se pode notar, da maior valorização de uma tradição sociológica para a qual os ritos, como condicionantes antropológicos fundados na natureza do homem como animal simbólico, possuiriam sempre uma função "instituinte de sociabilidades", sacralizando e sancionando um estado de coisas por meio da naturalização das diferenças, que se tornam duráveis porque reconhecidas. A releitura proposta por Pierre Bourdieu da noção de "rito de passagem", de Arnold van Gennep, acentuando sua dimensão de construção simbólica de uma ordem social, permitiu a Fernando Catroga entender a própria historiografia como prática cultural com uma função de "rito de instituição".[70]

A referência feita por Fernando Catroga a Pierre Bourdieu parece realmente indicar um diálogo maior com as ciências sociais em relação aos estudos de Reinhart Koselleck,[71] e poderia ser remetida

---

ppe. "Historia conceptual como filosofía política". *Res Publica*, 1, 1998, p. 35-71. Proposta semelhante podemos encontrar em CHIGNOLA, Sandro. *Op. cit.*

70 Conferir BOURDIEU, Pierre. *Langage et pouvoir symbolique.* Paris: Seuil, 2001 (consultar, especialmente, o capítulo "Les rites d'instituition").

71 José Luis Villacañas destacou como Koselleck evitou um contato maior com a sociologia em VILLACAÑAS, José L. "Histórica, historia social e historia de los conceptos políticos". *Res Publica*, 11-12, 2003, p. 73 ss. Segundo o próprio Koselleck: "De forma alguma tentarei me servir de teoremas de ciências vizinhas (...) Seria muito precipitado reunir a sociologia e a história a fim de extrair de alguma ciência da sociedade o nosso próprio conceito de ciência". KOSELLECK, Reinhart. *Estratos do tempo.* Rio de Janeiro: PUC/ Contraponto, 2014, p. 277 (este mesmo trecho foi citado no artigo de Villacañas). A recusa de uma maior aproximação com a sociologia apareceria também nos textos de Koselleck sobre memória, como em KOSELLECK, Reinhart. "La discontinuidad del recuerdo". In: ____. *Modernidad, culto a la muerte y memoria nacional.* Madri: Centro de Estudios Políticos y Constitucionales, 2011, p. 39-51. A diferença em relação a Catroga poderia ser indicada pela ênfase do historiador português no diálogo com as ciências sociais: "Nesta ordem de ideias, [a história] terá de dialogar, quer com as teorias (explícitas ou implícitas) dos outros historiadores, quer com a vasta literatura de orientação episte-

também a Norbert Elias, autor cujos estudos podem ser igualmente aproximados do que temos chamado de racionalidades e sensibilidades políticas.[72] Conforme se destacou na "Introdução", para Elias, o grau mais elevado de recalcamento da morte nas sociedades ocidentais contemporâneas, expresso no caráter solene dos rituais, na desvalorização das sepulturas, ou mesmo no isolamento dos moribundos, seria parte de um processo mais amplo (o "processo civilizador"), impossível de ser compreendido senão numa perspectiva histórica de longa duração.[73] É importante ressaltar que, em seu estudo sobre o isolamento dos moribundos, Elias entendeu as formas de afetividade e sensibilidade que caracterizaram práticas específicas de luto numa perspectiva atenta às relações de poder, conforme implícito na preocupação com as redes de interdependências que interligam os indivíduos de uma formação social específica.[74]

---

mológica, em particular com a respeitante às ciências sociais". CATROGA, Fernando. "O valor epistemológico da história da história". In: RIBEIRO, Maria Manuela Tavares (coord.). *Outros combates pela história*. Coimbra: Imprensa da Universidade de Coimbra, 2010, p. 23. Para uma interessante leitura da aproximação entre a história e a antropologia na obra de Fernando Catroga, conferir GAUER, Ruth M. Chittó. "Os mitos (des)naturalizados pela História". In: GARNEL, Rita; OLIVA, João Luís (Orgs.). *Tempo e história, ideias e políticas: estudos para Fernando Catroga*. Coimbra: Almedina, 2015, p. 147-163.

72 Referências a Pierre Bourdieu e Norbert Elias apareceriam em obras de Fernando Catroga. No caso da noção de *habitus* em ambos os autores, conferir, por exemplo, CATROGA, Fernando. *Os passos do homem como restolho do tempo. Memória e fim do fim da história*. Coimbra: Almedina, 2009, p. 15.

73 ELIAS, Norbert. *A solidão dos moribundos, seguido de Envelhecer e morrer*. Rio de Janeiro: Zahar, 2001. ELIAS, Norbert. *O processo civilizador: uma história dos costumes*. Rio de Janeiro: Zahar, 1994. ____. *O processo civilizador: formação do Estado e civilização*. Rio de Janeiro: Zahar, 1993.

74 Conferir, respectivamente, ELIAS, Norbert. *A sociedade dos indivíduos*. Rio de Janeiro: Zahar, 1994, p. 38. ____. *A solidão dos moribundos, seguido de Envelhecer e morrer*. Rio de Janeiro: Zahar, 2001. Sem dúvida, tal característica guarda relação com a presença da sociologia weberiana em seus trabalhos, o que pode ser claramente percebido ainda no seu primeiro livro, de 1933. Conferir ELIAS, Norbert. *A sociedade de corte: investigação sobre a sociologia da realeza e da*

Este ponto é relevante, por permitir diferenciar sua perspectiva de outras que, também valorizando o plano das sensibilidades e das afetividades, tenderiam a hipostasiar a noção de cultura, ou mesmo pressupor uma forma primeira de experimentação do mundo de natureza estética sem qualquer vínculo com relações de poder.[75] Num sentido semelhante, podemos entender suas críticas aos fundamentos do sistema filosófico hegeliano, já que, mesmo quando não aceito o pressuposto de que a "astúcia da razão" explicaria o sentido da história humana, a crença na cultura como entidade holística centrada num princípio gerador tendeu a se fazer presente.[76] Como indicamos anteriormente, podemos encontrar, em importantes obras de Elias, uma leitura que tomaria o "humano" como construção histórica, tal como foi pensado o "processo civilizador", o que não deveria ser confundido com um otimismo ingênuo acerca do progresso humano, tendo em vista as contrapartidas advindas do processo de individualização das sociedades ocidentais.

---

aristocracia de corte. Rio de Janeiro: Zahar, 2001.

[75] Já em texto de 1939, Norbert Elias criticava a tendência à reificação de entidades coletivas, como na pressuposição da existência de "formações sociais específicas, habitadas por um espírito supra-individual, como o 'espírito' da Grécia antiga ou da França". ELIAS, Norbert. *A sociedade dos indivíduos*. Rio de Janeiro: Zahar, 1994, p. 14 ss. A crítica, certamente, não estava referida apenas aos usos da noção de cultura, mas pode ser particularmente significativa no estabelecimento de diferenças em relação a determinadas formas de abordagem de matriz neokantiana, também valorizadoras do plano das sensibilidades e afetividades que configurariam o que se poderia chamar de uma experiência estética do mundo. Para uma análise crítica da tradição neokantiana, consultar PORTA, Mario Ariel González. *Estudos neokantianos.* São Paulo: Loyola, 2011.

[76] ELIAS, Norbert. *A sociedade dos indivíduos*. Rio de Janeiro: Zahar, 1994, p. 14 ss. Sobre a presença da perspectiva hegeliana em concepções holísticas do conceito de cultura, conferir GOMBRICH, Ernst. "In search of cultural history". In: ____. *Ideals & Idols. Essays on values in history and in art.* Oxford: Phaidon, 1979. REVEL, Jacques. "Cultura, culturas: uma perspectiva historiográfica". In: ____ *Proposições: ensaios de história e historiografia.* Rio de Janeiro: EdUERJ, 2009, p. 97-137.

Tal como no isolamento dos moribundos, haveria, portanto, uma necessária contrapartida ao processo de maior racionalização do mundo, que não deveria ser entendido como a pressuposição de que o homem teria se tornado mais racional do que no passado.[77] Trata-se, antes, de alterações sensíveis e emocionais referidas aos modos singulares de relações entre os indivíduos, que permitiriam, inclusive, historicizar padrões de racionalidade e ressaltar suas conexões com as novas formas de conhecimento do passado estabelecidas no processo civilizador, sem pressupor seu entendimento como relativo a uma marcha progressiva da "razão humana". Nesse ponto, sua leitura parece compatível com a interpretação de Fernando Catroga acerca dos usos mais racionalizados do passado, que se expressariam nas novas práticas de ritualização da morte, entre as quais estaria a historiografia.

Apesar das semelhanças indicadas, a interpretação de Elias sobre esse processo de racionalização guardaria diferenças das reflexões de Catroga sobre as práticas rituais das sociedades contemporâneas. No caso das práticas de luto, haveria uma falta de novos rituais que substituíssem fórmulas antigas, mais aptas a enfrentar momentos difíceis como os da morte, já que, até mesmo as frases convencionais de consolo pela perda, parecem gastas e superficiais.[78] Embora seu estudo sobre a morte estivesse já mais atento ao que identificaria como uma maior informalização dos padrões comportamentais na época recente, ainda assim tais práticas seriam compreendidas como sinais de perda de expressividade das emoções, acompanhando também o descrédito dos ritos religiosos no plano dos rituais mortuários.[79] Nesse aspecto, Fernando Catroga optaria

---

77 ELIAS, Norbert. *A sociedade dos indivíduos*. Rio de Janeiro: Zahar, 1994, p. 89.

78 ELIAS, Norbert. *A solidão dos moribundos, seguido de Envelhecer e morrer*. Rio de Janeiro: Zahar, 2001, p. 32.

79 *Ibidem*, p. 36 ss.

por interpretações mais matizadas, buscando dialogar com outros autores que permitiriam considerar as especificidades das transformações que se intensificaram no período mais recente sem caracterizá-las pela ausência.

Nesse sentido, a abertura dada à "sempre iminente irrupção do novo"[80] faria com que Catroga conjugasse à crítica às filosofias da história e às formas novas de vivência da temporalidade da época recente um olhar atento ao surgimento de práticas memoriais que são, na verdade, correlatas à pluralidade de mundos e de experiências que caracterizam as sociedades contemporâneas. Assim, na sua leitura, menos do que uma "desritualização ou desmemorização", talvez estivéssemos experimentando "uma ainda pouco perceptível afirmação de novos ritos e novas formas de vivenciar e socializar memórias", tendo em vista a pluralidade de mundos e de tempos sociais que acompanham a perda de monopólio dos meios de memória por parte de grupos que anteriormente funcionavam como guardiões da tradição (como a Igreja, o Estado, as escolas, entre outros).[81]

É nesse sentido que se pode compreender seu diálogo com autores como Joël Candau, cujas preocupações acerca das complexas relações entre as lembranças individuais e o que chamaria de *metamemória* visavam impedir tanto um atomismo social extremo quanto um uso pouco pertinente da noção de memória coletiva.[82]

---

[80] CATROGA, Fernando. *Os passos do homem como restolho do tempo. Memória e fim do fim da história.* Coimbra: Almedina, 2009, p. 257. O tema da irrupção do novo já estava presente em *Caminhos do fim da história*, publicação na qual Catroga formulava uma crítica aos diagnósticos pessimistas acerca do fim da História. Conferir CATROGA, Fernando. "Caminhos do fim da história". *Revista de História das Ideias*, v. 23, 2002, p. 220 ss.

[81] Ibidem, p. 31. Sobre a crise dessas instituições, conferir CATROGA, Fernando. Secularização e o retorno do religioso. Entrevista concedida ao *Diário do Nordeste*, 9/10/2006. (acesso em http://diariodonordeste.verdesmares.com.br/cadernos/caderno-3/secularizacao-e-o-retorno-do-religioso-1.746305)

[82] CANDAU, Joël. *Memória e identidade.* São Paulo: Contexto, 2011. Do mesmo

A fundamentação antropológica do olhar de Candau, atento aos condicionantes sociais que, por meio da linguagem, impediriam entender as recordações do indivíduo pensando-o isoladamente, estabeleciam também os limites do que chamaria de "retóricas holistas" como fórmulas conceituais elaboradas no momento de constituição das ciências sociais, marcado pela reificação e entificação de categorias que se mostrariam cada vez mais frágeis teoricamente. E foi justamente essa preocupação antropológica que lhe permitiu criticar a superestimação da crise atualmente experimentada nos planos da memória e da temporalidade, sem deixar de ressaltar a pertinência de elementos presentes nos vários diagnósticos recentes, devidamente sumarizados pelo autor.[83]

Com efeito, as reflexões de Catroga sobre a sempre iminente irrupção do novo podem ser aproximadas das interrogações de Candau acerca da dificuldade atual de realização plena do luto em relação às formas anteriores de vivência de memórias ou, nas suas palavras, sobre a necessidade de "aceitar perder o antigo para que o novo possa aparecer".[84] Para Candau, uma supervalorização da perda, além de configurar um discurso incapaz de lidar com as faltas e ausências que marcam a incompletude de qualquer presente histórico, tenderia a contribuir para acentuar a crise diagnosticada. Assim, contrariamente aos lamentos e temores sobre o fim da memória e da tradição, seria importante perceber que certa projeção de passado, presente e futuro constitui uma condição inexorável de qualquer sociedade, ressaltando-se que "hoje é diferente de ontem como ontem diferia de antes de ontem, mesmo que seja incontestável que as mudanças se acelerem".[85]

---

autor, consultar *Antropologie de la mémoire*. Paris: PUF, 1996.

83   *Ibidem*, p. 181 ss.
84   *Ibidem*, p. 194.
85   *Ibidem*, p. 193.

Se esta leitura parece mais próxima da estabelecida por Catroga, cabe ressaltar que ela não é incompatível com as interpretações de Hannah Arendt, autora também muito presente nos textos do historiador português. As críticas de Arendt às filosofias finalistas da história produzidas na Modernidade não impediriam seu entendimento daquele como um momento em que a imprevisibilidade do novo poderia se manifestar, conforme se perceberia na leitura sobre as revoluções francesa e norte-americana.[86] A abertura ao imprevisto, seja no presente ou no passado, parece manter ligação com a busca de um olhar mais relacional no modo de lidar com certas categorias, que também encontramos em Arendt e que talvez ajude a explicar a atenção de Candau e Catroga ao caráter mais altamente diferenciado das sociedades contemporâneas, já que esta mudança vem acompanhada da assunção do papel de sujeitos por grupos até então sem quaisquer acessos aos mecanismos de perpetuação na memória social. A relação estabelecida com a leitura de Arendt e as formas de compreensão da Modernidade permitem, de fato, retomar também algumas comparações entre os estudos de Fernando Catroga e Reinhart Koselleck.

Diferentes leituras sobre a Modernidade e diálogos com Hannah Arendt

É possível interrogar também se as diferenças já indicadas não guardariam relação com as interpretações da Modernidade presentes nas obras de Reinhart Koselleck e Fernando Catroga, talvez caracterizadas por diferenças nem sempre percebidas. Não obstante ambos tenham partilhado das leituras que apontaram a matriz judaico-cristã do processo de secularização, ressaltando os fundamentos teológicos que dariam origem às filosofias da história do século

---

86 ARENDT, Hannah. *Sobre a revolução*. São Paulo: Companhia das Letras, 2011.

XVIII, Catroga formularia uma crítica mais matizada aos ideais universalistas então inaugurados:

> E não basta dizer – numa espécie de interiorização da culpa histórica – que o universalismo subjacente às filosofias da história só serviu de capa encobridora da visão eurocêntrica e dos seus projetos de dominação de outros povos. Se é certo que esta denúncia tem toda a pertinência, terão de ser equacionados, igualmente, os efeitos decorrentes da outra face destes valores, já que será precisamente a partir da sua raiz crítica e das suas promessas de universalismo não cumpridas (exemplo: os direitos humanos) que os dominados encontraram armas para contestarem os dominantes e para fundamentarem a sua própria identidade.[87]

Além disso, Catroga buscou um maior distanciamento em relação aos diagnósticos de autores como Carl Schmitt, que sabidamente tiveram presença relevante na obra de Koselleck, pelo menos em seus trabalhos iniciais.[88] Em seu volumoso estudo sobre as singularidades das relações entre o religioso e o político em diferentes países do mundo Ocidental, Catroga buscou elaborar uma interpretação equilibrada em relação às visões otimistas e pessimistas acerca do processo de secularização (que advogavam uma perda ou regresso do religioso), contrapondo-se às leituras que "sublinharam o fato de a centração imanentista e secular das raízes do poder ter sido uma vitória equívoca", tendo em vista a transfe-

---

[87] CATROGA, Fernando. "Ainda será a história mestra da vida"? *Estudos Ibero-Americanos*. PUCRS, Edição Especial, n. 2, 2006, p. 30.

[88] Conferir, principalmente, KOSELLECK, Reinhart. *Crítica e crise: uma contribuição à patogênese do mundo burguês*. Rio de Janeiro: EDUERJ/Contraponto, 1999. Sobre a presença da obra de Carl Schmitt nos textos de Koselleck, conferir VILLACAÑAS, José L. "Histórica, historia social e historia de los conceptos políticos". *Res Publica*, 11-12, 2003, p. 69-94. OLSEN, Niklas. *History in the plural. An introduction to the work of the Reinhart Koselleck*. Nova Iorque/Oxford: Berghahn Books, 2012.

rência dos conceitos da teologia católica para o interior da teoria política e jurídica do Estado Moderno.[89] Referindo-se às obras de Schmitt e Kantorowicz, Catroga ressaltaria que "esta contaminação exige matizações e impõe que se releve o movimento inverso, porque também houve intercâmbios entre o teológico e o jurídico-político". Além disso, seria preciso "saber se a teologia cristã mais não é, em última análise, 'qu'une politique qui s'est desarrimée".[90]

Novamente, nesse caso, suas reflexões parecem mais próximas das de Hannah Arendt, que também argumentou acerca do sentido político da religião cristã, pelo menos desde sua romanização até uma suposta maior separação entre o político e o religioso na Modernidade, tendo em vista uma categorização assemelhada do processo de secularização não apenas como uma transferência de categorias teológicas para o mundo terreno, mas como uma maior separação entre esses dois campos.[91] Na leitura de Hannah Arendt, Santo Agostinho teria sido o "maior teórico da política cristã", cuja percepção de que alguma vida política deveria existir mesmo em condições de inocência ou santidade se expressaria na pressuposição de que "mesmo a vida de santo é uma vida em comum com os outros homens".[92] Na interpretação de Arendt, o arrefecimento dos fundamentos antipolíticos do "cristianismo primitivo" teria permitido que a conjugação entre autoridade da Igreja e poder da realeza existisse por longo período na história ocidental.[93]

---

89 CATROGA, Fernando. *Entre Deuses e Césares. Secularização, laicidade e religião civil. Uma perspectiva histórica.* Coimbra: Almedina, 2006, p. 101.

90 *Ibidem*, 102.

91 ARENDT, Hannah. "O conceito de história – antigo e moderno". In: ____. *Entre o passado e o futuro.* São Paulo: Perspectiva, 2005, p. 69-126.

92 *Ibidem*, p. 108.

93 ARENDT, Hannah. "Que é autoridade"? In: ____. *Entre o passado e o futuro.* São Paulo: Perspectiva, 2005, p. 127-187.

Autora citada em textos de Fernando Catroga, Hannah Arendt, na verdade, torna-se uma referência relevante para as interrogações aqui formuladas, pois suas reflexões sobre a Modernidade podem ser compreendidas como uma crítica às novas formas de racionalidade política então inauguradas, caracterizadas justamente pela maior insensibilidade ou incapacidade de estabelecer o que é verdadeiramente digno de imortalização, tendo em vista a condição histórica do homem como ser atrelado a certo ideal de grandeza e à busca memorial de assegurar sua permanência.[94] Se, para Arendt, a história possuiria uma dimensão como categoria existencial, muito anterior a Homero e Heródoto, não resta dúvida de que a política representaria o próprio fundamento ontológico da vida humana e o equívoco da pretensão moderna de objetividade histórica foi desconsiderar a necessidade inexorável de algum "senso de grandeza", aumentando a alienação do homem em relação ao mundo.[95]

Assim, se, para os antigos, imparcialidade se conjugava com a evidência do que deveria ser glorificado, tendo em vista um ideal de grandeza pelo qual certos feitos e acontecimentos eram naturalmente relevantes, a crise política da Modernidade teve por consequência uma transferência da imortalidade para a própria história,

---

94 Utilizo aqui a noção de Modernidade de forma ampla, de modo mais próximo ao que aparece no texto sobre os conceitos antigo e moderno de História, mas é importante ressaltar que, posteriormente, a própria autora estabeleceria uma diferença entre a "era moderna" e o "mundo moderno" (a primeira, iniciada no século XVII e terminada no limiar do século XX, e o segundo, iniciado após a explosão das primeiras bombas atômicas). Conferir ARENDT, Hannah. *A condição humana*. Rio de Janeiro: Forense Universitária, 2014, p. 7.

95 Sobre a História como categoria da existência humana anterior a Homero e sobre a ingenuidade da busca rankeana de objetividade, ver ARENDT, Hannah. "O conceito de história – antigo e moderno". In: ____. *Entre o passado e o futuro*. São Paulo: Perspectiva, 2005, p. 74 e p. 79 ss. Sobre o conceito de mundo em Hannah Arendt, conferir DUARTE, André. "Hannah Arendt e a modernidade: esquecimento e redescobrimento da política". *Trans/Form/Ação*, São Paulo, n. 24, 2001, p. 257 ss.

transformada em processo e desvalorizando a ação humana. Ainda que suas críticas à submissão da política à história pelas filosofias da história possam ser aproximadas dos diagnósticos de Reinhart Koselleck sobre a Modernidade, as obras de Arendt parecem caracterizadas por uma noção um pouco diferenciada de política, conflitante com a concepção schmittiana pela qual o inextirpável conflito entre amigo e inimigo constitui seu fundamento existencial.[96] Em Arendt, o dissenso não é desconsiderado, mas enraíza uma percepção dialógica da política como instância mediadora pela qual igualdade e liberdade, ou mesmo direito e política não constituem pares dicotômicos.[97] Se essa busca de um olhar relacional a distancia de Carl Schmitt, suas críticas à Modernidade, embora possam ser aproximadas de certas formulações heideggerianas, também são singulares, já que o tratamento de questões relevantes acerca da temporalidade esteve acompanhado de uma preocupação mais profunda acerca da tradição ocidental como obscurecimento da política.[98] Assim, a valorização do político, entendido como certo ideário de grandeza, permitiria perceber semelhanças mais estreitas entre as teses de Arendt e as de Fernando Catroga, não obstante as críticas às filosofias da história estejam presentes em todos esses autores.[99]

---

[96] Conferir SCHMITT, Carl. *O conceito de político*. Lisboa: Edições 70, 2015. Sobre o par de conceitos amigo-inimigo estabelecido por Carl Schmitt como fórmula insuperável para pensar o político segundo Reinhart Koselleck, conferir KOSELLECK, Reinhart. "A semântica histórico-política dos conceitos antitéticos assimétricos". In: ____. *Futuro passado. Contribuição à semântica dos tempos históricos*. Rio de Janeiro: Contraponto/PUC-Rio, 2006, p. 231.

[97] Sobre o assunto, conferir BIGNOTTO, Newton; MORAES, Eduardo Jardim de. *Hannah Arendt: diálogos, reflexões, memórias*. Belo Horizonte: Editora da UFMG, 2001.

[98] Sobre o tema, conferir DUARTE, André. "Hannah Arendt e a modernidade: esquecimento e redescobrimento da política". *Trans/Form/Ação*, São Paulo, n. 24, 249-272, 2001. ABENSOUR, M. et alii (ed.), *Ontologie et Politique. Actes du Colloque Hannah Arendt*. Paris: Ed. Tierce, 1989.

[99] Para uma reflexão sobre estética da política em Hannah Arendt, conferir

Note-se que as questões aqui indicadas guardam relação, de fato, com o modo como o tema da morte seria abordado em algumas perspectivas historiográficas não apenas atentando-se para o problema das relações do poder, que aproximam o enfoque nos fenômenos culturais dos estudos do político, mas tangenciando interrogações centrais sobre a condição histórica do homem como ser dialógico e temporal. Podemos, inclusive, nesse caso, estabelecer relações com as concepções de autores indicados no item anterior, como as reflexões de François Hartog sobre a tendência atual de fundir a história da historiografia com a própria epistemologia, já não mais entendida esta última como um saber elaborado "externamente" por filósofos-epistemólogos. Não se trata, portanto, do estabelecimento de abstrações normativas acerca de como se deve escrever a história, mas da colocação em prática de uma operação visando explicar/compreender o sentido conferido ao passado num presente determinado.[100]

Não sem razão, tais reflexões seriam retomadas por Fernando Catroga, cujos estudos são caracterizados pela forma específica com a qual questões ontológicas se conjugam com uma atenção à historicidade e às implicações epistemológicas de suas formulações.[101] Nessa perspectiva, o diálogo entre história e filosofia assume

---

PLOT, Martín. *The aesthetico-political. The question of democracy in Merleau-Ponty, Arendt, and Rancière*. New York/London: Bloomsbury, 2014.

100 Cf. HARTOG, François. *Evidência da história: o que os historiadores veem*. Belo Horizonte: Autêntica Editora, 2011.

101 Tal aspecto seria recorrentemente mencionado nas análises de sua obra contidas em livro recentemente publicado. António Pita, por exemplo, ao se referir aos estudos de Catroga sobre a memória, destacava como a História ganharia "uma nova dimensão ontológica" e a "historiografia uma nova dimensão epistemológica". PITA, António Pedro. "Fim da história, tempo e experiência". In: GARNEL, Rita; OLIVA, João Luís (Orgs.). *Tempo e história, ideias e políticas: estudos para Fernando Catroga*. Coimbra: Almedina, 2015, p. 63. Para Temístocles Cezar: "Sua reflexão sobre a condição histórica não é um mero artifício retórico com a intenção de encobrir uma empiria de dados

uma formulação eminentemente histórica,[102] da mesma forma que aconteceria com outros campos disciplinares, como a antropologia e a sociologia, não desprezados em favor das antigas "filosofias da história".[103] A não desconsideração da perspectiva sociológica deveria, inclusive, permitir pensar também a escrita da história, tal como sugerido no conhecido texto de Michel de Certeau, retomado pelo historiador português:

> Com estas chamadas de atenção, também se pretende afirmar que o *topos* impossibilita desligar-se a análise

---

definidos *a priori*. Antes, a desarmonia epistemológica expressa na suposta distinção entre 'teoria' da história e 'prática' historiográfica encontra na obra de Catroga antídotos que imunizam o leitor deste vício quase indomável que contamina o meio acadêmico". CEZAR, Temístocles. "Varnhagen não leu Capistrano. Ensaio sobre uma experiência narrativa (anacrônica)". In: GARNEL, Rita; OLIVA, João Luís (Orgs.). *Tempo e história, ideias e políticas: estudos para Fernando Catroga*. Coimbra: Almedina, 2015, p. 272.

102 Sobre a perspectiva histórica de compreensão da filosofia por Catroga, conferir também CARVALHO, Paulo Archer de. "Filosofia, *anamnésis* e história. Uma vi(d)a da *sagesse*". In: GARNEL, Rita; OLIVA, João Luís (Orgs.). *Tempo e história, ideias e políticas: estudos para Fernando Catroga*. Coimbra: Almedina, 2015, p. 77 ss. Tal fato explicaria a citação de Roger Chartier retomada por Catroga: "Inquietação que nunca será gratuita, porque, para um historiador, pensar a relação entre as duas disciplinas [a filosofia e a história], é, antes de mais, colocar uma questão inteiramente prática e útil: em quê e como a reflexão filosófica permite elaborar melhor os problemas para os quais apontam, nos nossos dias, todo o trabalho histórico concreto e empírico? (Roger Chartier, 1988)". CATROGA, Fernando. "O valor epistemológico da história da história". In: RIBEIRO, Maria Manuela Tavares (coord.). *Outros combates pela história*. Coimbra: Imprensa da Universidade de Coimbra, 2010, p. 21.

103 Segundo Catroga: "(...) convoca-se os historiadores para um convívio proveitoso com a filosofia – não estamos a escrever, com a filosofia da história (...) E deve lembrar-se que, quando a *reflexão é muito externa, ela chega sempre demasiadamente tarde à prática que quer fundamentar*. Por conseguinte, aconselha-se a epistemologia do historiador a estar em sintonia com a própria operação historiográfica e não ser uma espécie de *prova póstuma da sua consciência crítica*". CATROGA, Fernando. "O valor epistemológico da história da história". In: RIBEIRO, Maria Manuela Tavares (coord.). *Outros combates pela história*. Coimbra: Imprensa da Universidade de Coimbra, 2010, p. 22-23.

das representações historiográficas da sociologia da sua produção, porque, se aquele, por um lado, impulsiona e enforma o trabalho historiográfico, por outro lado, também age como instância censória, já que, se estimula certas pesquisas, secundariza e recalca outras.[104]

Esse enfoque sociológico e antropológico parece relacionado com a perspectiva de Fernando Catroga de compreender o estudo da historiografia em sua relação com uma mais ampla história da memória, na qual os ritos e ritualizações da história, entre os quais as práticas de culto dos mortos, adquirem também relevância. Termos como os utilizados aqui, como sensibilidades e racionalidades políticas, assim como noções que têm sido usadas mais correntemente (como "cultura histórica", "cultura política", entre outras),[105]

---

104 *Ibidem*, p. 34. Fernando Catroga se referia à reflexão de Michel de Certeau sobre a "operação historiográfica". Uma leitura que enfoca também essa dimensão sociológica da análise de Michel de Certeau pode ser encontrada em DOSSE, François. *História e ciências sociais*. São Paulo: Edusc, 2004.

105 As noções de "cultura política" e "cultura histórica" foram tratadas por uma ampla bibliografia, impossível de ser analisada aqui de forma sistemática. Um importante levantamento do primeiro conceito foi feito em CEFAÏ, Daniel. "Expérience, culture et politique". In: ____. (dir.). *Cultures politiques*. Paris: PUF, 2001, p. 93-116 (conferir também leitura crítica em DUTRA, Eliana Freitas. "História e culturas políticas: definições, usos, genealogias". *Varia história*, Programa de Pós-Graduação em História da UFMG, n. 29, p. 13-28, 2002). Uma tentativa de diferenciação de ambas as noções foi formulada em GOMES, Angela de Castro. "História, historiografia e cultura política no Brasil: algumas reflexões". In: SOIHET, Rachel; BICALHO, Maria Fernanda B.; GOUVÊA, Maria de Fátima S. *Culturas políticas: ensaios de história cultural, história política e ensino de história*. Rio de Janeiro: MAUAD, 2005, p. 21-44. Alguns aspectos do tema foram discutidos em MARCELINO, Douglas Attila. "Rituais políticos e representações do passado: sobre os funerais de 'homens de letras' na passagem do Império à República". *Tempo*. Revista do Departamento de História da UFF, v. 22, n. 40, p. 260-282, mai-ago. 2016. Sobre cultura histórica, conferir também GUIMARÃES, Manoel Salgado. Cultura histórica oitocentista: a constituição de uma memória disciplinar. In: PESAVENDO, Sandra Jatahy. *História cultural: experiências de pesquisa*. Porto Alegre: Editora da UFRGS, 2003, p. 9-24.

podem ser úteis, então, à reflexão sobre os modos pelos quais a elaboração de uma "operação historiográfica" permitiria conjugar preocupações com as condições existenciais do homem como ser histórico, mas também social, atentando para as especificidades do ponto de vista historiográfico e suas formas particulares de tratar dos problemas de natureza epistemológica.

Sobre os funerais públicos, emoções e afetividades políticas nos séculos XIX e XX: Emmanuel Fureix e Jacques Julliard

Também relevante ao estudo das formas de ritualização da morte e suas relações com os modos de teatralização do poder e de constituição de uma específica economia das emoções e das afetividades é o livro *La France des larmes*, de Emmanuel Fureix.[106] Centrado nos funerais políticos do período que se estendeu da Restauração dos Bourbons na França, em 1814, até o cerimonial por meio do qual a monarquia pretendeu despolitizar o culto dos mortos trazendo de volta as cinzas de Napoleão, em 1840, o estudo apontou aquele como um momento fundamental de valorização dos sentimentos e das emoções na política, configuran-

---

106 FUREIX, Emmanuel. *La France des larmes: deuils politiques à l'âge romantique (1814-1840)*. Seyssel: Éditions Champ Vallon, 2009.

do usos específicos do luto público devido à intensificação dos conflitos e à ressignificação de práticas fúnebres preexistentes. Sua análise nos permitirá retomar o problema do lugar do político como expressão de formas específicas de racionalidade e de sensibilidade, sua relação com as práticas de luto e com as peculiaridades da representação histórica.

De fato, os novos modos de afetividade em relação aos mortos inaugurados, pelo menos, desde a chamada "revolução funerária" iniciada no século XVIII são tomados por Fureix como fundamentais à compreensão das práticas rituais de natureza política do período da monarquia censitária, tornando o livro também um estudo mais geral sobre a historicidade dos modos de tradução do luto da época romântica. A conjugação de certa necrofilia com uma tendência ao apagamento dos signos da morte, a maior sensibilidade em relação ao cadáver e o desejo exacerbado de conservação dos corpos são alguns exemplos dessa nova economia das práticas mortuárias, num período em que os discursos médicos e higiênico-sanitários sobre o assunto teriam convivido com usos mais racionalizados das honras fúnebres visando enaltecer supostas virtudes cívicas do morto e fornecer lições políticas à coletividade.

A sutileza da análise de Fureix na reconstituição histórica dos usos e formas emotivas do luto ganharia expressividade por meio da comparação com os ritos políticos inaugurados no século XIX, que também reformulavam ou se confrontavam com as honras fúnebres prestadas aos "mártires" do processo revolucionário uma geração antes do reestabelecimento da monarquia. Assim, além das formas públicas de expressão das emoções e codificação dos comportamentos de natureza romântica, o regime teve que lidar com práticas como o embalsamamento dos corpos dos heróis revolucionários, o transporte separado do coração dos "grandes homens" nos cortejos fúnebres ou, ainda, a realização do discurso de elogio na beira dos túmulos (prática iniciada durante o Diretório e, depois, tornada comum no período da monarquia censitária). Em geral, a essas práticas, caracterizadas pela heroicização dos mártires e pela acentuação do desejo de vingança, a monarquia contrastaria formas mais compósitas de luto, buscando, ao mesmo tempo, reinscrever as honras fúnebres reais na tradição monárquica do Antigo Regime após a ruptura simbólica advinda do evento traumático do regicídio.

Trata-se, este último, de ponto fundamental do estudo de Fureix, pois ampara a tese de que as novas práticas de ritualização da morte visavam suprir o *déficit* de sacralidade da monarquia, tendo em vista a crise de representação advinda das dificuldades de incorporação do poder uma geração após a morte de Luís XVI. Dialogando com a perspectiva de Claude Lefort acerca da "revolução democrática" como constituição de uma ordem simbólica em que o "lugar" do poder torna-se "vazio", jamais inteiramente encarnado num governante tal como no modelo eucarístico que perdurou sob o Antigo Regime, Fureix pretendeu estabelecer um olhar histórico mais específico sobre as novas formas de sacralidade buscadas pela monarquia da época, ressaltando que essa dessacralização do corpo do soberano teria impulsionado o investimento em rituais como os funerais políticos, tendo em vista a perda de legitimidade da figura real no novo regime.

Foi provavelmente partindo desse pressuposto que Alain Corbain, na apresentação do livro, sustentou que o período ali estudado era aquele em que "o luto exprimia com intensidade a substância do político".[107] A afirmação está em consonância com a sugestão, que atravessa o estudo de Fureix, de que houve um fortalecimento da valorização dos sentimentos e das afetividades no plano político, conforme se poderia perceber não apenas pelos ritu-

---

107 CORBAIN, Alain. "Préface". In: FUREIX, Emmanuel. *La France des larmes: deuils politiques à l'âge romantique (1814-1840)*. Seyssel: Éditions Champ Vallon, 2009, p. 12. (Tradução livre)

ais que pretendiam legitimar a monarquia, mas também pelo uso dos funerais públicos pelos grupos opositores do regime. É nesse sentido que a própria noção de "crise de representação" é remetida aos estudos de Roger Chartier, não obstante seja interessante notar que aquele autor defendeu uma maior pertinência do emprego do conceito de "representação" para um período anterior ao que Fureix estudou, o que contradita com a tese de que houve um investimento mais significativo nas formas de teatralização do poder durante a monarquia censitária.[108]

É possível perguntar se não haveria certa subvalorização da dimensão propriamente simbólica do poder como constituinte do real, que se manifestaria de formas diferenciadas em termos históricos, mas jamais deixaria de figurar formas específicas de sua ritualização.[109] Trata-se, nesse caso, do problema mais profundo da própria definição do estatuto ontológico do político como condição existencial da experiência humana, já que a relevante valorização do campo das emoções e das afetividades no estudo de Fureix é acompanhada de afirmações que podem sugerir um entendimento

---

108 Conferir CHARTIER, Roger. "Le monde comme représentation". *Annales E. S. C*, n. 6, p. 1505-1520, nov. 1989. Roger Chartier referia-se às teses de Norbert Elias sobre o "processo civilizador" como uma transformação de longo prazo pela qual a diminuição da violência física explícita impulsionaria novas formas de violência simbólica, configurando uma sociedade como a sociedade de corte, para a qual a teatralização do poder, presente em todo o cerimonial e nas regras de etiqueta, conferia às representações um lugar central na regulação das relações de poder. Ver ELIAS, Norbert. *O processo civilizador. Uma história de costumes*. Rio de Janeiro: Jorge Zahar, 1994. ____. *A sociedade de corte: investigação sobre a sociologia da realeza e da aristocracia de corte*. Rio de Janeiro: Zahar, 2001.

109 Sobre o fundamento simbólico do poder, conferir GEERTZ, Clifford. "Centros, reis e carisma: reflexões sobre o simbolismo do poder". In: ____. *O saber local: novos ensaios em antropologia interpretativa*. Petrópolis: Vozes, 2009, p. 182-219. Discutiremos novamente o tema a partir do problema das relações entre estética e política no próximo capítulo, quando tratarmos das obras de Jacques Rancière.

das novas práticas rituais como complementares àquelas de natureza efetivamente política.[110] A remissão a autores muito diversos para caracterizar o político ou as novas alterações no plano simbólico talvez sejam indicadores dessa forma ampliada de conceituação, do mesmo modo que a categorização do "luto político" por elementos como a enunciação de normas e valores poderia ser confrontada com a concepção de que esses são traços constitutivos de quaisquer formas rituais de aculturação da morte (ou, na esteira de Fernando Catroga, marca ontológica dos próprios ritos de recordação como práticas memoriais de modo mais geral).[111]

Trata-se, é claro, de aspecto pouco relevante diante da contribuição trazida pelo livro de Fureix ao estudo das formas de ritualização do poder pela abordagem dos funerais públicos, marcada

---

110 Ao referir-se às "aporias da representação" e "hipertrofia dos ritos" no período da Restauração, Fureix defenderia, por exemplo, que "a aprendizagem precária do regime parlamentar não seria compreendida sem seu indispensável complemento, feito de práticas simbólicas, de ritos e de cerimônias". FUREIX, Emmanuel. *La France des larmes: deuils politiques à l'âge romantique (1814-1840)*. Seyssel: Éditions Champ Vallon, 2009, p. 25. (Tradução livre)

111 É o caso, por exemplo, das referências ao entendimento do político à maneira de Carl Schmitt em certa passagem e, depois, a autores que partem de perspectiva muito diferente, como Claude Lefort, por exemplo (a diferença dos pressupostos de Schmitt também seria grande em relação a diversos autores referidos à tradição sociológica francesa, como Émile Durkheim, Marcel Mauss, Pierre Bourdieu, entre outros também referenciados nas discussões sobre ritos políticos). FUREIX, Emmanuel. *La France des larmes: deuils politiques à l'âge romantique (1814-1840)*. Seyssel: Éditions Champ Vallon, 2009. Conferir, respectivamente, para as referências a Carl Schmitt e Claude Lefort, p. 14 e 26, e para a definição de "luto político" como enunciação de normas e valores, entre outras características, p. 17. Sobre a diferença entre as concepções de Claude Lefort e Carl Schmitt sobre o político, ver PLOT, Martín. *The aesthetico-political. The Question of Democracy in Merleau-Ponty, Arendt, and Rancière*. New York/London: Bloomsbury, 2014. LYNCH, Christian Edward Cyril. "A democracia como problema: Pierre Rosanvallon e a escola francesa do político". In: ROSANVALLON, Pierre. *Por uma história conceitual do político*. São Paulo: Alameda, 2010, p. 9-35. Sobre a obra de Claude Lefort, consultar também HABIB, Claude; MOUCHARD, Claude (dir). *La démocratie à l'oeuvre. Autour de Claude Lefort*. Paris: Esprit, 1993.

pela valorização das sensibilidades políticas e por uma rara sutileza analítica que permitiria, inclusive, matizar as teses excessivas acerca das formas novas de culto dos mortos da época romântica. Ao problema da categorização do político, por outro lado, poderia ser acrescentado outro não enfocado no livro e já anteriormente destacado: o da relação entre essas novas formas de afetividade e racionalidade que expressariam práticas específicas de luto e as transformações que caracterizariam as próprias formas de representação histórica. A simples sugestão do problema poderia parecer excessiva, caso ele não fosse tangenciado pelo próprio Fureix, que argumentaria que "os lutos públicos contribuem à sua maneira à construção dos 'regimes de historicidade', essenciais à compreensão de um momento de 'crise do tempo'".[112] Caberia formular a interrogação, portanto, sobre como se daria essa relação entre determinadas formas de sensibilidades políticas e de experimentação do tempo, já que o enfoque político do livro parece sugerir que as mudanças naquele primeiro plano dificilmente viriam a reboque de transformações nas vivências do passado e do futuro como sensações características de um presente determinado.

Uma formulação do problema nesse sentido permitiria, inclusive, interrogar-se sobre a própria representação histórica produzida por Fureix, considerando também de forma distinta a valorização da temática dos funerais públicos em relação à sua tese de que expressariam apenas novos interesses dos historiadores após o impacto do *linguistic turn*.[113] A referência feita pelo autor aos estudos de Michel de Certeau e suas formulações acerca da *prise de pa-*

---

[112] FUREIX, Emmanuel. *La France des larmes: deuils politiques à l'âge romantique (1814-1840)*. Seyssel: Éditions Champ Vallon, 2009, p. 15. (Tradução livre) A referência é claramente ao livro de François Hartog: *Régimes d'historicité. Présentisme et expérience du temps*. Paris: Le Seuil, 2003.

[113] FUREIX, Emmanuel. *La France des larmes: deuils politiques à l'âge romantique (1814-1840)*. Seyssel: Éditions Champ Vallon, 2009, p. 18.

role após o maio de 1968 não permitiriam pensar os novos critérios de composição poética dessa historiografia que ele toma por base para analisar os ritos de oposição à monarquia, valorizadora das "formas ínfimas" de resistência dos sujeitos históricos nas práticas em que elas parecem menos visíveis, tendo em vista o enfoque hermenêutico no significado simbólico das ações sociais?[114] Como a conexão entre a relavorização dessas práticas, tratando-se de um autor tão atento à dimensão poética da historiografia quanto Michel de Certeau, poderia ser conjugada com um olhar mais atento à imprevisibilidade e à busca da diferença no passado? Ou, perguntando de outro modo: a centralização da análise nas condições de possibilidade das formas recém-inauguradas de ritualização do poder conforme feita pelo autor já prefigura os questionamentos históricos para a busca de constâncias e não de qualquer radical novidade no passado?[115]

O questionamento, inclusive, poderia ser estendido para outros estudos que trataram do mesmo tema em época mais recente, como nos textos da coletânea organizada por Jacques Julliard sobre a morte de François Mitterand e outros personagens políticos do século XX, nos quais o problema da privatização da política por meio da valorização de elementos relativos à vida pessoal dos homenageados permitiria ressaltar uma maior ou menor desconstrução do espaço público de discussão na época democrática, marcada pela dificuldade de incorporação do poder ressaltada nos ensaios

---

114 *Ibidem*, p. 39-40.

115 Sobre o modo como o estudo das "condições de possibilidade" prefigura um olhar que distancia a escrita histórica da imprevisibilidade do passado, conferir RANCIÈRE, Jacques. "Os enunciados do fim e do nada". In: ____. *Políticas da escrita*. Rio de Janeiro: Editora 34, 1995, p. 227-252. Uma leitura interessante sobre a possibilidade de ultrapassar o plano das condições de possibilidade por meio das obras de Cornelius Castoriadis pode ser encontrada também em PASTOR, Jean Philippe. *Castoriadis: la création des possibles*. Paris: Moonstone, 1993.

de Claude Lefort.[116] Certamente, os diagnósticos presentes nos textos do livro são diferentes e os estudos se voltam para países distintos, que permitem relativizar as teses mais generalizantes sobre uma perda ou retorno de formas antigas de sacralidade. Mas, se tomarmos por base os parâmetros de análise apontados por Jacques Julliard na introdução, poderíamos nos perguntar: qual o lugar conferido à imprevisibilidade dos acontecimentos, às relações complexas entre o público e o privado numa época específica como a recente no livro de modo mais geral?[117] Se parece tão difícil separar completamente o discurso histórico de suas relações com as formas do elogio, tal como vimos até aqui, não encontraríamos nas teses de Julliard um engrandecimento de certo sentido conferido ao público que retira à configuração poética de sua narrativa justamente qualquer possibilidade de atenção ao papel do imprevisto e do diferente que permitiria pensar a radical novidade existente no passado? Talvez considerar a dimensão poética do discurso historiográfico e suas relações com o imaginário político que lhe é contemporâneo pudesse nos ajudar a pensar não apenas aquilo que os interliga com as práticas de luto no passado, mas também os próprios critérios que enraízam o discurso histórico que produzimos visando dar sentido a essas práticas simbólicas de um mundo que, ainda que recente, nos parece perdido como experiência vivida.[118]

---

116 JULLIARD, Jacques (dir.). *La mort du roi. Essai d´ethnographie politique comparée*. Paris: Gallimard, 1999.

117 Além da introdução do livro, conferir o capítulo "De de Gaulle à Mitterrand et retour", também de autoria de Jacques Julliard.

118 Algumas experimentações nesse sentido podem ser conferidas em MARCELINO, Douglas Attila. *O corpo da Nova República: funerais presidenciais, representação histórica e imaginário político*. Rio de Janeiro: FGV, 2015.

PARTE II

Sobre o culto dos mortos em perspectiva interdisciplinar: história, antropologia, filosofia política e poética do saber

Ritual político e representação histórica: O "retrato do rei" de Louis Marin e o problema do elogio na época democrática[1]

(...) os lutos públicos contribuem à sua maneira à construção dos "regimes de historicidade", essenciais à compreensão de um momento de "crise do tempo".[2]

A já referida frase de Emmanuel Fureix pode servir à retomada do tema da relação entre uma forma determinada de experimentação do tempo e o lugar do poder como fundamento de um

---

[1] Uma versão preliminar de parte deste texto e de aspectos das "Considerações Finais" foi publicada em MARCELINO, Douglas Attila. "Morte do rei, incorporação do poder e representação histórica: entre uma *poética da ausência* e uma *poética do saber?*" *Revista de História das Ideias*, Universidade de Coimbra, v. 24, p. 121-143, 2016.

[2] FUREIX, Emmanuel. *La France des larmes: deuils politiques à l'âge romantique (1814-1840)*. Seyssel: Éditions Champ Vallon, 2009, p. 15 (Tradução livre).

imaginário político, tendo em vista as ligações entre o luto público e as transformações históricas no plano do que temos chamado de racionalidades e sensibilidades políticas. Nesse caso, poucos estudos foram tão profundos no tratamento dos modos de incorporação do poder característicos de um imaginário político, suas vinculações com os rituais que dramatizavam a presença do corpo real na França do absolutismo e com as formas da representação histórica quanto o de Louis Marin.[3] Seu investimento analítico nos dispositivos narrativos por meio dos quais o *Projet de l'histoire de Louis XIV*, endereçado a Colbert por Pellison-Fontanier, fazia não apenas o elogio do rei, mas repercutia as estruturas imaginárias de um poder que se desejava absoluto, tratava da relação entre corpo e política por meio de uma análise das formas de teatralização do poder e suas vinculações com as especificidades da escrita da história como gênero de discurso marcado pelo valor então conferido ao estudo da retórica.

Elaborado visando obter a subvenção real, o texto de Pellison descrevia diretamente as estratégias retóricas que deveriam ser utilizadas para louvar o rei sem que o discurso narrativo se evidenciasse como um discurso de louvor, reenviando para os três gêneros de discurso público definidos por Aristóteles na *Retórica*, embora enfatizasse sua diferença em relação às formas do elogio e do panegírico.[4] Marin exploraria à exaustão todas as filigranas que compunham o dispositivo discursivo por meio do qual Pellison regularia, em "golpes sucessivos", a "composição progressiva" dos "efeitos de força" da estratégia narrativa colocada em jogo, visando obter um "efeito de louvor" que não poderia ser alcançado senão de forma dissimulada. Fazer o leitor comparar sem saber que o estava fazendo e compor a narrativa à forma de uma pintura, em que cada palavra é devida-

---

3   MARIN, Louis. *Le portrait du roi*. Paris: Minuit, 1981.

4   *Ibidem*, p. 49-115.

mente escolhida para formar um quadro e pôr diante dos olhos do público as ações relatadas, eram alguns dos dispositivos retóricos que fundamentavam um modo de representação histórica que, tal como uma encenação teatral, montada peça por peça, simulava a própria presença real. Tratava-se de um dispositivo pelo qual "contar é pintar, narrar é fazer ver à imaginação do expectador porque este momento da história é o presente fulgurante e permanente onde a substância real faz ver suas perfeições".[5]

Nessa perspectiva de Marin, as formas da enunciação, analisadas de modo magistral por Emile Benveniste, deveriam ser compreendidas em sua realização histórica, além de tornarem-se um problema não apenas teórico, mas político, tendo em vista a relação entre o modo de construção de uma narrativa em que não existem sujeitos da história contada e a pressuposição de que havia um "único sujeito universal", um "único ator absoluto da história", ou seja, o próprio rei. Implicações semelhantes poderiam ser percebidas no modo de construção da temporalidade que caracterizava o discurso, já que a crítica ao mero registro e à crônica ficava também submetida ao imaginário do poder absoluto, com seu estabelecimento de uma lógica de causalidade ou sua busca das forças da história nas ações do monarca, "pois o sujeito absoluto da História é necessariamente, por sua ação mesma, o princípio produtor da temporalidade histórica".[6] Numa concepção pela qual a história não seria feita por uma pluralidade de sujeitos independentes uns dos outros ou interagindo entre si, mas por um único sujeito universal, torna-se "evidente que o fator de unificação temporal das ações e dos eventos não pode ser outro que a temporalidade desse sujeito".[7]

---

5   *Ibidem*, p. 106. (Tradução livre)

6   *Ibidem*, p. 59. (Tradução livre)

7   *Ibidem*, p. 49. (Tradução livre)

O mais importante, entretanto, é que, por trás das intenções do discurso político, com suas estratégias de deslocamento em relação aos modos retóricos do elogio e do panegírico (já que se tratava de apontar a centralidade da figura real e não de chamar a atenção para o talento do expositor), estava um imaginário do poder no qual essas racionalizações que calculavam a distribuição e a composição progressiva dos efeitos de força que a escrita deveria mobilizar estavam enraizadas. Ou seja, a própria racionalização política se fundamentava num desejo, num imaginário do absolutismo:

> O que nos interrogamos aqui é sobre uma operação mais complexa e de outra natureza: como se pensa um poder que se deseja absoluto? Qual é a fantasmática na e pela qual se racionaliza a política deste desejo? Qual é o imaginário do absolutismo, e o papel e a função do historiógrafo na constituição desta fantasmática e na construção deste imaginário?[8]

As próprias racionalizações em torno dos dispositivos retóricos que deveriam compor o simulacro da presença real, portanto, estavam submetidas ao imaginário de "um poder que se pensa absoluto", remetendo para as formas específicas de incorporação do poder que caracterizavam uma teologia política centrada na dupla natureza do corpo do monarca.[9] A reflexão de Marin sobre o projeto historiográfico de Pellison estava, portanto, vinculada a interrogações sobre o modo de funcionamento do dispositivo da representação, compreendida esta última como substituição do ausente e como efeito de presença, tendo em vista a relação estabelecida entre o modelo eucarístico que fundamentou a teoria do signo dos lógicos e gramáticos de Port-Royal e o imaginário em torno do monarca absolutista. Tal

---

8   *Ibidem*, p. 59. (Tradução livre)

9   Sobre o assunto, conferir KANTOROWICZ, Ernst H. *Os dois corpos do rei*. São Paulo: Companhia das Letras, 1998.

como a representação pictórica (o retrato do rei), também a elaboração historiográfica remetia simultaneamente para a "representação de um corpo histórico ausente, a ficção de um corpo simbólico (o reino no lugar da Igreja) e a presença real de um corpo sacramental, visível sob tantas espécies que o dissimulam".[10]

Num plano mais profundo, o livro de Marin produzia uma reflexão não apenas sobre as formas de representação do poder relacionadas ao imaginário do absolutismo e suas vinculações com um projeto de escrita da história, mas se interrogava sobre o modo como sua própria análise dos discursos (historiográfico e pictórico) era também uma forma de representação, tendo em vista as relações entre *força, justiça* e *efeitos de sentido* estabelecidas por meio do diálogo com o pensamento de Pascal.[11] Ao indicar que, fundamentando a justiça, havia sempre a força que instituía um imaginário por meio dos discursos e seus efeitos de sentido, Pascal produziu um pensamento crítico da representação que, operando pela construção-desconstrução como forma de produção de sentido, apostou no caráter contraditório de todo discurso de verdade, já que o saber humano sobre Deus ou sobre si mesmo seria marcado por oposições irredutíveis.[12] Seu discurso não se constituía como um metadiscurso ou como um modelo teórico centrado nos princípios da representação, aproximando-se mais de uma prática de escrita

---

10 CHARTIER, Roger. "Poder e limites da representação. Marin, o discurso e a imagem". In: ____. *À beira da falésia. A história entre certezas e inquietudes*. Porto Alegre: UFRGS, 2002, p. 167.

11 Conferir, especialmente, a parte introdutória "Le roi ou la force justifiée. Comentaires pascaliens" em MARIN, Louis. *Le portrait du roi*. Paris: Minuit, 1981, p. 23-46.

12 Conferir também MARIN, Louis. *La critique du discours: sur la "Logique de Port-Royal" et les "Pensées" de Pascal*. Paris: Minuit, 1975. PASCAL, Blaise. *Pensées*. Paris: Gallimard, 1962. PASCAL, Blaise. *Pensamentos sobre a política: três discursos sobre a condição dos poderosos*. São Paulo: Martins Fontes, 1994.

cujas operações de produção de sentido funcionavam como "condição negativa de possibilidade da verdade do discurso em geral".[13]

Na leitura de Marin, por outro lado, se o discurso de Pascal não anulava a força como fundamento da construção de sentido, tendia a neutralizá-la por meio da própria forma com que se apresentava: fragmentária, dispersiva, na qual, constantemente, a "força recebe uma direção contrária àquela que ela tinha na produção de seu efeito".[14] Inviabilizando qualquer "síntese dialética" ou "totalização progressiva" do saber, a escrita pascaliana operava por um deslocamento interminável, não se fixando numa posição e configurando um *entre-deux* como lugar de indeterminação do sujeito da enunciação:

> A posição fixa, de um lado, e o pensamento ao infinito do infinito, de outro, marcam a dissolução de todo lugar da verdade, teórico ou prático. Trata-se, de uma só vez, do lugar do evento do sentido na consciência e da impossibilidade de dizer este sentido como tal num discurso que seria aquele do sentido. O sentido se retira infinitamente de seu discurso.[15]

Essa fragmentação da força como origem do sentido, para Marin, guardaria relação com a própria forma com que o pensamento pascaliano era apresentado, por meio do caráter dispersivo de suas parábolas, conformando uma "ausência significante" na qual o lugar da verdade era inalcançável ao homem e as oposições permaneciam insolúveis.[16] Embora não rompesse totalmente com o discurso ordi-

---

13 MARIN, Louis. *La critique du discours: sur la "Logique de Port-Royal" et les "Pensées" de Pascal*. Paris: Minuit, 1975, p. 400. (Tradução livre)

14 *Ibidem*, p. 372. (Tradução livre)

15 MARIN, Louis. *Le portrait du roi*. Paris: Minuit, 1981, p. 32. (Tradução livre)

16 MARIN, Louis. *La critique du discours: sur la "Logique de Port-Royal" et les "Pensées" de Pascal*. Paris: Minuit, 1975, p. 375. (Tradução livre)

nário, compreendido como a origem de todos os discursos, a escrita de Pascal caracterizava-se por uma "ironia infinita" e desconfiava das certezas daquele e de outros discursos. Suas formulações, que apontavam para reflexões teológicas mais profundas sobre a condição humana,[17] seriam retomadas de forma crítica por Marin em suas análises das representações pictóricas e do projeto historiográfico de glorificação do rei na monarquia absolutista.

Talvez seja nesse sentido que possamos compreender o fato de Paul Ricoeur, ao tratar do livro de Marin, colocar suas reflexões sobre a categoria "grandeza" nos planos do antropológico e do político, o que permitiria pensar a perenidade do poder e, portanto, a possível persistência de uma retórica do louvor na própria historiografia da época democrática:

> A questão, para nós, será saber se, com o fim da monarquia de Antigo Regime e a transferência para o povo da soberania e de seus atributos, a historiografia pode eliminar da representação todo traço do discurso de louvor. Será perguntar, ao mesmo tempo, se a categoria grandeza e aquela que lhe é conexa, de glória, podem desaparecer sem deixar traço do horizonte da história do poder. Estava reservado apenas à "maneira absolutista de escrever a história absoluta do absolutismo" (...) extrair da legibilidade da narrativa a visibilidade de uma descrição narrativa que conseguiria "pintar mais do que contar, fazer

---

17 Os limites do saber humano, marcado por oposições irredutíveis, guardam relação com a percepção de Pascal sobre a natureza do próprio homem, caracterizado pela *grandeza*, de origem divina, e pela *miséria*, proveniente do pecado original. Nessa leitura, Jesus Cristo, também marcado pela dualidade, como Deus e homem, poderia ser intermediário da relação entre o homem e Deus. Nesse sentido, para Franklin Leopoldo e Silva, o que interessaria a Pascal era "o cruzamento entre o homem e Deus, de tal modo que não seria possível um conhecimento puramente antropológico do homem, já que a condição humana somente se define por sua relação com Deus". LEOPOLDO e SILVA, Franklin. "Introdução". In: PASCAL, Blaise. *Pensamentos*. São Paulo: Martins Fontes, 2000, p. VIII.

ver à imaginação tudo o que se põe no papel", segundo o desejo com o qual conclui o autor do "Projet de l'histoire de Louis XIV"? A democracia moderna pôs fim ao elogio do rei e à fantasmática colocada a serviço deste elogio?[18]

De fato, a categoria "grandeza", no pensamento pascaliano, remetia não apenas para as três "ordens de grandeza", que incluíam a política,[19] mas para uma leitura da natureza do homem e sua relação com o plano divino, fundamentando uma espécie de "ontologia da diferença cujas manifestações são os teologemas da Eucaristia e do Deus escondido".[20] Partindo de outros pressupostos, Marin produziu uma leitura crítica que não deixou de colocar num plano utópico a pretensão de elaborar um discurso que produz sentido sem qualquer determinação de um lugar: o próprio pensamento de Pascal "está em um ponto, mesmo se este ponto se desloca ao infinito ou com uma velocidade infinita; ele está em um lugar, mesmo se este lugar é indeterminado e indeterminável (...)".[21] Seria difícil duvidar de que, para Marin, aspectos de uma retórica do louvor

---

18 RICOEUR, Paul. *La mémoire, l'histoire, l'oubli*. Paris: Seuil, 2000, p. 348. (Tradução livre) Em outra parte do livro, Ricoeur também questionaria: "O que restou do tema da grandeza na narração do poder após o desaparecimento da figura do rei absoluto? Ora, interrogar-se sobre a possível perenidade do tema do poder é, ao mesmo tempo, interrogar-se sobre a persistência da retórica do louvor, que é seu correlato literário, com seu cortejo de imagens prestigiosas. A grandeza abandonou o campo político? E os historiadores devem e podem renunciar ao discurso do elogio e às suas pompas?". *Ibidem*, p. 354. (Tradução livre)

19 A política estava referida à ordem da carne no pensamento de Pascal, que apontava também a existência da ordem do espírito (da razão) e da caridade (do coração), cada uma delas caracterizadas por suas formas específicas de grandeza. Conferir o fragmento 111 (p. 65) e o Prefácio de André Comte-Sponville (p. 55 ss.) em PASCAL, Blaise. *Pensamentos sobre a política: três discursos sobre a condição dos poderosos*. São Paulo: Martins Fontes, 1994.

20 MARIN, Louis. *La critique du discours: sur la "Logique de Port-Royal" et les "Pensées" de Pascal*. Paris: Minuit, 1975, p. 418. (Tradução livre)

21 *Ibidem*, p. 400. (Tradução livre)

permaneceriam na representação histórica da época democrática, ou mesmo que ele pressupusesse uma completa anulação de algum ideal de grandeza em seu próprio discurso. Estando a força na base da produção do sentido, a justificação de qualquer discurso se fundamentaria em critérios que são estabelecidos de forma histórica e, portanto, arbitrária: as próprias leis de uma ordem determinada de grandeza, nos termos pascalianos. Trata-se, por outro lado, de se interrogar sobre a tensão produzida em relação aos critérios de grandeza por um discurso que buscaria justamente colocá-los em questão, tendo em vista interpretações que têm apontado para transformações nas formas da representação histórica e suas relações com reconfigurações mais profundas nos modos de incorporação do poder e nas formas de experiência sensível.

A morte do rei e a "poética do saber" de Jacques Rancière

A mobilização intencional dos dispositivos retóricos indicada por Pellison visando obter a subvenção real para a realização de seu projeto historiográfico estava relacionada com um uso marcadamente regrado dos discursos, em que, à lógica de estabelecimento de grandes classificações hierárquicas dos gêneros literários e oratórios, correspondia uma concepção organicista da sociedade, caracterizada pela teologia política que fundamentava um modo determinado de incorporação do poder e, portanto, de vinculação entre o monarca e seus súditos. Embora não sejam muitos os estudos que tentaram compreender como as transformações simbólicas nos modos de incorporação do poder características do fim do regime monárquico afetaram a própria representação histórica, ou mesmo sua vinculação com o elogio como gênero literário correlato à perenidade de uma economia da grandeza, um investimento aproximado ao indicado por Ricoeur pode ser encontrado nas interrogações de Jacques Rancière sobre uma "poética do saber".[22]

O estabelecimento de uma nova lógica do regime de representação, suas relações com a construção imaginária de comunidades políticas e com as transformações poéticas que reconfigurariam as formas de racionalidade histórica no pós-1800 foram objetos de análise de Jacques Rancière. Suas elaborações teóricas em torno do que denominaria de "partilha do sensível" podem ser igualmente relacionadas ao que chamamos de estudos sobre racionalidades e sensibilidades políticas.[23] Estando na própria base da política, a estética remeteria para "um recorte dos tempos e dos espaços, do visível e do invisível, da palavra e do ruído que define ao mesmo tempo o lugar e o jogo da política como forma de experiência". Assim, "a política volta-se para o que se vê e o que se pode dizer, para quem tem a competência para ver e a qualidade para dizer, para as propriedades dos espaços e os possíveis do tempo".[24] Não se trata, portanto, de presumir qualquer autonomia de uma história estética em relação à história política, como queria Koselleck, mas de sua própria indissociabilidade.[25]

Em termos históricos, Rancière indicava toda uma reconfiguração do mapa da experiência sensível na época democrática,

---

22 RANCIÈRE, Jacques. *Les noms de l'histoire. Essai de poétique du savoir*. Paris: Seuil, 1992.

23 RANCIÈRE, Jacques. *Le partage du sensible: esthétique et politique*. Paris: La Fabrique-éditions, 2000.

24 *Ibidem*, p. 13-14.

25 Conferir a discussão anterior sobre certa autonomia da história da estética em relação à história política estabelecida por Reinhart Koselleck. Note-se que tais formulações também fariam Jacques Rancière colocar em questão as clássicas teses benjaminianas sobre uma estetização da política na era das massas. *Ibidem*, p. 13.

inexoravelmente relacionada às transformações na ordem simbólica que confere sentido ao poder e ao estabelecimento do que chamaria de "regime estético das artes".[26] Tratava-se, de fato, de uma verdadeira revolução nas estruturas poéticas que, manifestando-se primeiramente na literatura, rompia com uma lógica da representação fundada numa rígida hierarquia dos gêneros pela suposta dignidade dos temas, embora estivesse relacionada também com a maior autonomia conferida ao campo da arte. Subvertia-se, assim, um regime de experiência sensível intimamente vinculado a uma visão hierárquica da sociedade, em que a lógica da representação do poder remetia ao corpo do rei como incorporação da comunidade política, ou seja, com todo um imaginário político que, conforme analisado por Louis Marin, fundamentava formas determinadas de representação histórica.[27]

Assim, partindo do pressuposto de que os modos de configuração poética de um sistema representativo remetem sempre para figuras de comunidades imaginadas, tendo em vista os fundamentos subjetivos da política, Rancière podia utilizar o problema da reformulação das formas de representação do poder advinda da crise de legitimidade pós-Revolução Francesa para colocar em evidência uma suposta transformação nas estruturas poéticas da representação histórica.[28] Michelet apareceria, então, como o autor inaugural desse novo regime de composição poética, subvertendo os modos de enunciação histórica ao introduzir o relato no sistema do discurso e conjugar em sua própria escrita formas discursivas

---

26 *Ibidem*. A discussão que se segue está baseada, sobretudo, no modo como obras posteriores a *Les noms de l'histoire* aprofundariam questões latentes na discussão sobre uma poética do saber ali presente. O livro *Le partage du sensible*, já referido, sintetiza algumas dessas ideias.

27 MARIN, Louis. *Le portrait du roi*. Paris: Minuit, 1981.

28 Essas ideias e a discussão que se segue estão baseadas em RANCIÈRE, Jacques. *Les noms de l'histoire. Essai de poétique du savoir*. Paris: Seuil, 1992.

vinculadas a sistemas diversos no livro clássico de Emile Benveniste.[29] Os novos usos dos tempos e formas pessoais do verbo estariam em conformidade com as desordens da arte e as arbitrariedades da época democrática, fundamentando um rompimento com os modelos rígidos de representação que se tornaria matriz das formas de representação histórica da "nova história" no século XX.

Apesar dessa enorme generalização acerca das estruturas poéticas da nova história, o estudo de Rancière visava indicar que os modos recém-inaugurados de representação histórica expressavam os fundamentos simbólicos de uma nova ordem de representação do poder, pois os critérios de sentido que buscavam os significados mais profundos de acontecimentos como a Revolução Francesa figuravam entidades abstratas como o povo, a nação, ou mesmo a França como sujeitos que se originavam daquela experiência.[30] Tratava-se, portanto, de uma reestruturação da experiência sensível como fundamento simbólico de uma ordem política, tendo em vista que a impossibilidade de incorporação do poder afetava tanto o indivíduo, em seu recém-inaugurado ser junto sem lugar nem corpo, quanto os atributos da soberania, dispersos no anonimato de entidades incorpóreas que substituíam o corpo do rei nesse novo contrato simbólico da época democrática.

Ao tentar preencher esse vazio do poder com uma nova estrutura poética de representação histórica, entretanto, Michelet não

---

29 BENVENISTE, Emile. *Problèmes de linguistique générale*. Paris: Gallimard, 1966.

30 A generalização das estruturas poéticas do novo discurso histórico, assim como a seleção de Michelet como autor inaugural cujas obras expressariam a chegada dessa revolução literária na historiografia, tornam-se pontos críticos do livro de Jacques Rancière. Uma proposta de olhares mais pontuais para elementos literários presentes nos textos dos historiadores pode ser conferida em CARRARD, Philippe. "History as a kind of writing: Michel de Certeau and the poetics of historiography". *Historical Reflextions/Reflexions Historiques*, v. 15, n. 3, 1988.

apenas dava visibilidade ao povo como novo sujeito do discurso histórico, mas selava o contrato simbólico que calava este mesmo povo, figurado numa entidade abstrata sem dissenso e sem palavra, pelo menos se a tomada da palavra for compreendida como lugar dos excessos que permitem pôr continuamente em causa o corpo político. Eliminando as palavras sem corpo e apaziguando o passado, Michelet representava o passo fundamental em direção ao contrato narrativo, político e científico da época democrática, pelo qual a historiografia tentava suprimir qualquer relação com a literatura e a política. A figuração das massas anônimas como sujeito da história não apenas permitia estabelecer uma continuidade entre a escrita histórica de Michelet e a "nova história", mas também tomá-la como sintoma de uma revolução das formas de experiência sensível que, como manifestação estético-política da época democrática, se expressou antes na literatura do que na história, em uma atitude paradoxal pela qual visibilidade e emudecimento poderiam andar conjugados.

Foi justamente nesse sentido que o problema da morte ganhou espaço no texto de Rancière, funcionando como pretexto para a elaboração de metáforas que colocavam em jogo a necessidade de uma reestruturação poética da historiografia. Na verdade, todo o livro se organiza metaforicamente em torno da morte do rei, cuja discreta presença na obra máxima de Fernand Braudel significaria não apenas seu descentramento como lugar de encarnação do poder e, portanto, de força explicativa da história, mas também seu correlato historiográfico como crônica de feitos dos grandes personagens (os "nomes" da história).[31] À busca braudeliana por

---

31 Cabe ressaltar que o entendimento da escrita histórica anterior a Michelet como mera crônica das ações de personagens e de grandes eventos, se confrontada, por exemplo, com a análise anteriormente indicada de Louis Marin sobre o projeto historiográfico de Pellison, parece bastante simplificada. Sem dúvida, ela está em sintonia com o caráter amplo das teses de Rancière sobre as estruturas poéticas da nova história.

conferir uma morte republicana ao rei corresponderia o silenciamento da historiografia francesa acerca da violência do regicídio e, de um modo irônico, todo o dispositivo teórico rigoroso do qual os anseios necrófilos de Michelet seriam sintomas. Assim, além da metáfora mais evidente que relacionava a configuração de uma história do povo com a ocupação do lugar do morto (o rei como fundamento do corpo político), tratava-se de uma escrita histórica que, ela também, acabou por ocupar o lugar do morto que trazia como novo personagem de sua narrativa, silenciando o tumulto de vozes que caracterizava esse segundo morto: em última instância, a própria política como campo do dissenso.

Retirando à história a imprevisibilidade dos acontecimentos e preenchendo as lacunas e ausências do saber com uma escrita em que tudo fala e tudo tem sentido, Michelet ocupava o lugar dos sujeitos do passado e suas experiências, mortificados "por não saber e por não saber dizer o que viver quer dizer".[32] Nenhum traço de incerteza, morte e inessencialidade como "aparências do passado" figuravam nessa narrativa de um autor cuja paixão pelo túmulo podia "reduzir-se à sobriedade do jogo lógico pelo qual as produções do ser falante são curadas de toda ferida da ausência".[33] Sem interrogar-se sobre suas próprias lacunas, Michelet estabelecia a certeza do saber que conferia novo significado ao contrato científico relativo à ordem democrática, pois "a inclusão da morte e a teoria do testemunho mudo são uma só e mesma teoria: uma teoria do lugar da fala".[34] As referências a Michel de Certeau são evidentes, assim como a busca por novos critérios para uma recomposição poética da historiografia.

---

32 RANCIÈRE, Jacques. *Les noms de l'histoire. Essai de poétique du savoir*. Paris: Seuil, 1992, p. 127. (Tradução livre)

33 *Ibidem*, p. 133. (Tradução livre)

34 *Ibidem*, p. 133. (Tradução livre)

Na verdade, o anseio por uma reconfiguração poética da historiografia aparece em tensão com a constatação histórica das bases de seu próprio estabelecimento. Isto porque o deslocamento em relação à história dos grandes personagens e seus feitos faria parte da mesma revolução estética que estabeleceu uma nova ficcionalidade, pela qual a soberania estética da literatura teria desconstruído as fronteiras entre "razões dos fatos" e "razões da ficção", dada a impossibilidade de separar modelos de inteligibilidade e causalidade dos próprios eventos.[35] Rompendo com os critérios da distinção aristotélica entre história e poesia, que separavam a lógica da necessidade ou da verossimilhança da simples narração do que aconteceu em sua singularidade, a época romântica teria intensificado a percepção de que o real tem que ser ficcionalizado para ser pensado, tornando mais evidente que os enunciados políticos e literários têm efeitos sobre o real. Atuando sobre os corpos coletivos imaginários, os enunciados, nessa perspectiva, desenham:

> comunidades aleatórias que contribuem para a formação de coletivos de enunciação que recolocam em questão a distribuição dos papéis, dos territórios e das linguagens – em síntese, desses sujeitos políticos que colocam novamente em causa a partilha dada do sensível. Mas, precisamente um coletivo político não é um organismo ou um corpo comunitário. As vias da subjetivação política não são as da identificação imaginária, mas as da desincorporação "literária".[36]

Essa finalidade atribuída por Rancière aos enunciados, como vias de fragilização dos corpos coletivos imaginários (indicada como "desincorporação literária"), parece sintonizada com as propostas implícitas de uma nova poética da historiografia adequada

---

35 RANCIÈRE, Jacques. *Le partage du sensible: esthétique et politique*. Paris: La Fabrique-éditions, 2000, p. 61 ss. (Tradução livre)

36 *Ibidem*, p. 61 ss. (Tradução livre)

às demandas da experiência democrática. A própria retomada da democracia como tema em *La haine de la démocratie*, em que seria pensada não como forma de governo, mas relacionada a novos modos de subjetivação política, é indicativa nesse sentido. Significando a própria impureza na política, a democracia conformaria um jogo perpétuo de invenção de formas de subjetivação que contrariariam as tendências sempre existentes de privatização do poder, remetendo justamente para o impedimento da encarnação de seus princípios num governante, da mesma forma que os enunciados literários e políticos.[37] A caracterização da democracia como o movimento que deslocaria sem cessar os limites do público e do privado corresponderia às necessidades estético-políticas de uma historiografia cujas próprias estruturas poéticas deveriam estar sintonizadas com formas novas de subjetivação que não impedissem o surgimento do dissenso pelo estabelecimento da unidade de novas comunidades imaginárias:

> (...) ou a história se dedica primeiro a consolidar seu reconhecimento "científico" sob o risco de liquidar sua aventura própria fornecendo às sociedades dos vencedores a enciclopédia de sua pré-história. Ou se interessa primeiro pela exploração dos múltiplos caminhos com cruzamentos imprevistos pelos quais podem ser apreendidas as formas da experiência do visível e do dizível que constituem a singularidade da época democrática e permitem também repensar outras épocas. Ela se interessa pelas formas de escritura que a tornam inteligível no entrelaçamento de seus tempos, na combinação dos números e das imagens, das palavras e dos emblemas. (...) nada ameaça tanto a história quanto sua lassidão em relação ao

---

37 RANCIÈRE, Jacques. *La haine de la démocratie*. Paris: La Fabrique Éditions, 2005, p. 69 ss.

tempo que a fez ou seu medo diante do que fez a matéria sensível de seu objeto: o tempo, as palavras e a morte.[38]

Apesar da originalidade presente no entendimento de Rancière acerca dessas novas demandas poéticas do discurso histórico, caberia perguntar sobre as semelhanças entre as características do que chamaria de "regime estético das artes" e as definições de "democracia moderna" presentes nas obras de Claude Lefort, autor possivelmente mais preocupado em não projetar aspectos considerados típicos das *formas de sociedade* pós-Revolução Francesa para épocas anteriores. Esse tipo de comparação poderá também ser estendida, de forma pontual, para algumas reflexões de Pierre Bourdieu, antes de retomarmos interrogações da primeira parte visando pensar as possíveis relações entre as ideias de Rancière sobre uma "poética do saber" e aquilo que Fernando Catroga chamou de uma "poética da ausência".

---

38 RANCIÈRE, Jacques. *Les noms de l'histoire. Essai de poétique du savoir*. Paris: Seuil, 1992, p. 207-208. (Tradução livre)

Sobre a morte em Michelet e o problema da democracia: diálogos críticos com Claude Lefort e Pierre Bourdieu

Ao confrontarmos as interrogações de Lefort sobre os modos de instituição do social com as teses de Rancière, podemos perceber como suas reflexões já colocavam em questão os princípios de interiorização que, conferindo um lugar ao poder, fundamentavam formas determinadas de experiência sensível.[39] Nos próprios estudos de Lefort, portanto, estava pressuposta uma estreita relação entre estética e política, já que se tratava também do estabelecimento daquilo que se tornava visível e invisível, das formas de ler e nomear que enraizariam a própria natureza simbólica da

---

39 Conferir, principalmente, LEFORT, Claude. *Essais sur le politique (XIXe-XXe siècles)*. Paris: Seuil, 1986. ____. *L'invention démocratique: les limites de la domination totalitaire*. Paris: Fayard, 1994. Consultar também HABIB, Claude; MOUCHARD, Claude (dir). *La démocratie à l'oeuvre. Autour de Claude Lefort*. Paris: Esprit, 1993.

existência humana e determinariam uma específica relação entre o político e o religioso.[40] Além da vinculação implícita entre estética e política, as formulações de Lefort também buscavam as especificidades das sociedades constituídas a partir de fins do século XVIII e XIX, nas quais a *revolução democrática* (expressão de Tocqueville) teria operado a impossibilidade de incorporação do poder, tornando-as irrepresentáveis na figura de uma comunidade e passíveis de questionamentos intermináveis.

A impossibilidade da formulação de um enunciado como fundamento da comunidade política, portanto, apareceria como algo mais claramente característico das democracias modernas em Claude Lefort, não obstante a proposta de Rancière acerca de uma nova poética da historiografia, conforme indicamos, já guardasse vinculação com sua própria conceituação da democracia. Talvez mais atento à historicidade, Lefort o compreenderia por relação à crise dos fundamentos teológico-políticos que permitiam a encarnação do poder na figura monárquica, ressaltando a democracia moderna como o único regime em que a representação do poder o atestava como "lugar vazio", não passível de incorporação por aquele que governa. Num regime em que a instituição do social se daria sob a forma de um questionamento interminável, o impedimento da apropriação (e, portanto, da privatização) do poder estaria inscrito nos próprios princípios geradores da igualdade que fundamentavam uma específica configuração da relação entre estética e política.

Sem dúvida, seria possível argumentar pela diferença da perspectiva de Rancière devido à colocação dos problemas no plano da poética e não da filosofia política, da qual resguardaria suspeita, mas não se deveria esquecer que as teses de Lefort eram também elaboradas numa perspectiva crítica em relação ao campo científi-

---

40 LEFORT, Claude. *Essais sur le politique (XIXe-XXe siècles)*. Paris: Seuil, 1986, p. 260 ss.

co, particularmente no que diz respeito às tendências da ciência e da sociologia políticas de compreender *a política* como uma entre outras esferas da realidade, sem refletir sobre a própria natureza *do político*.[41] Para Lefort, inclusive, os novos sentidos alcançados nas democracias modernas por noções como Estado, povo, nação, pátria e humanidade (que, na concepção de Rancière, deveriam ser alvos da produção crítica de enunciados pela nova figuração poética da historiografia) já seriam indicativos da impossibilidade de incorporação do poder e sua não percepção corresponderia à fragilidade da atitude científica: "Desinteressar-se dessas noções ou não se deter na função que podem assumir no processo de legitimação do poder seria adotar o ponto de vista artificialista que nos parece característico da ciência".[42]

É possível questionar se, em ambos os casos, não há certa tendência a uma crítica injusta em relação à pluralidade de perspectivas em campos como os da ciência política e da sociologia. Retomando um autor mencionado na primeira parte, por exemplo, poderíamos destacar que Pierre Bourdieu, em textos importantes, colocou como meta fundamental da sociologia uma "crítica da razão política, intrinsecamente dada a abusos de linguagem que são abusos de poder", ressaltando uma "questão pela qual toda sociologia deve começar, a saber, a da existência e do modo de existência dos coletivos".[43] Parece clara

---

41 Sobre as desconfianças de Rancière e Hannah Arendt da filosofia política como política dos filósofos, assim como uma aproximação das suas formulações de Claude Lefort, conferir PLOT, Martín. *The aesthetico-political. The question of democracy in Merleau-Ponty, Arendt, and Rancière*. New York/London: Bloomsbury, 2014. As críticas de Lefort à ciência e à sociologia política apareceriam em vários textos (conferir, principalmente, os capítulos "La question de la démocratie" e "Permanence du théologico-politique?", em *Essais sur le politique (XIXe--XXe siècles)*).

42 LEFORT, Claude. *Essais sur le politique (XIXe-XXe siècles)*. Paris: Seuil, 1986, p. 270. (tradução livre)

43 BOURDIEU, Pierre. *O poder simbólico*. Rio de Janeiro: Bertrand Brasil, 2002, p. 151 e 159.

a relação entre esse tipo de formulação não apenas com as ideias de Lefort e Rancière, mas também com outras noções de Bourdieu. É o caso da noção de *habitus* como matriz de práticas e representações, que opera no plano primeiro das categorias de percepção e apreciação, fundamentando um tipo de poder semelhante àquele presente em muitas sociedades arcaicas: um "poder quase mágico de *nomear* e de fazer existir pela virtude da nomeação".[44] Trata-se apenas de um exemplo, entre vários outros possíveis dentro da sociologia, da preocupação com as operações discursivas que figuram (e, portanto, dão existência) a coletivos imaginários.

De fato, as críticas de Rancière às obras de Pierre Bourdieu nem sempre parecem totalmente justificadas.[45] Aquele sociólogo, como se sabe, tratou de forma relevante temas como o das relações entre política e estética, certamente fundamental para pensar um campo de estudos sobre racionalidades e sensibilidades políticas. Sua preocupação com a natureza simbólica do poder, por exemplo, parece guardar certa correlação com as investidas feitas, desde os anos 1970, na historicização dos padrões estéticos, conforme se poderia notar pelas continuidades que interligam os estudos dos mecanismos sociais de *distinção*, do funcionamento dos campos artísticos e das formas de imposição da violência simbólica.[46] Assim, desde a elaboração da noção de *habitus* até suas conceituações do poder simbólico, pode-se perceber tanto uma preocupação com

---

44 *Ibidem*, p. 142.

45 Conferir as críticas presentes em RANCIÈRE, Jacques. *Les noms de l'histoire. Essai de poétique du savoir*. Paris: Seuil, 1992.

46 Conferir, principalmente, BOURDIEU, Pierre. *A distinção: crítica social do julgamento*. São Paulo: Edusp, 2008 (a edição original francesa é de 1979 e, por isso, a referência aos anos 1970). ____. *Les règles de l'art: genèse et structure du champ littéraire*. Paris: Seuil, 1998. ____. *Razões práticas: sobre a teoria da ação*. Campinhas: Papirus, 1996. ____. *O poder simbólico*. Rio de Janeiro: Bertrand Brasil, 2002. ____. *A economia das trocas simbólicas*. São Paulo: Perspectiva, 2013. ____. *Meditações pascalianas*. Rio de Janeiro: Bertrand, 2001

a historicização da apreciação estética quanto com o subdimensionamento do vetor político em tradições diversas voltadas para o funcionamento das formas culturais ou das estruturas sociais. Espécie de "esquema gerador" que, operando como "princípio de classificação", tornava-se matriz de práticas e representações, o *habitus* já indicaria a naturalização das hierarquias presente nas categorias primeiras de percepção, justamente de onde o autor depois partiria para pensar o fundamento simbólico do poder.[47]

Essa preocupação durkheimiana com os "sistemas de classificação" já indicava também que Bourdieu não percebia uma completa desconsideração do político naquela tradição sociológica, nem mesmo na "filosofia das formas simbólicas" de Ernst Cassirer, embora tenha pretendido ultrapassá-las, assim como a abordagem estruturalista (o estudo semiológico dos sistemas simbólicos como "estruturas estruturadas", que tinha na obra de Ferdinand de Saussure seu principal referencial).[48] É interessante notar também que Pierre Bourdieu indicaria a obra de Blaise Pascal como uma das principais inspiradoras de suas formulações sobre a violência simbólica, tendo em vista a proximidade com as já indicadas relações

---

47 BOURDIEU, Pierre. *A distinção: crítica social do julgamento*. São Paulo: Edusp, 2008. ____. *Razões práticas: sobre a teoria da ação*. Campinhas: Papirus, 1996. Note-se que, além de operar nas categorias de percepção, o *habitus* remeteria também para as disposições e, portanto, para a incorporação das formas de violência simbólica, tendo em vista as reações do autor a qualquer filosofia da consciência, que desconsideraria a ação sobre os corpos. Conferir BOURDIEU, Pierre. *O poder simbólico*. Rio de Janeiro: Bertrand Brasil, 2002 (especialmente, os capítulos "*Le mort saisit le vif*. As relações entre história reificada e história incorporada" e "A gênese dos conceitos de *habitus* e de campo"). ____. *Meditações pascalianas*. Rio de Janeiro: Bertrand, 2001 (conferir, especialmente, os capítulos "O conhecimento pelo corpo" e "Violência simbólica e lutas políticas").

48 O próprio autor aproximaria as obras de Cassirer e Durkheim, tendo em vista certa semelhança entre as noções de "formas simbólicas" (Cassirer) e de "sistemas de classificação" (Durkheim). BOURDIEU, Pierre. *O poder simbólico*. Rio de Janeiro: Bertrand Brasil, 2002.

entre *poder, justiça* e *efeitos de sentido* que analisamos na discussão sobre o livro de Louis Marin.[49] Propondo uma conjugação dessas perspectivas com uma revalorização do vetor ideológico na construção do que chamaria de poder simbólico, Bourdieu parece ter partido da pressuposição de uma interligação profunda entre estética e política, que impediria entender o plano das sensibilidades e afetividades a não ser por sua íntima relação com os mecanismos pelos quais opera a violência simbólica.[50]

Retomando as comparações entre Rancière e Lefort, se poderia argumentar também que as concepções do primeiro seriam diferentes por estarem referidas à própria escrita da história ao problematizar sua especificidade poética. Não se deveria esquecer, por outro lado, que as análises de Claude Lefort se voltaram igualmente para a historiografia de Michelet ao tratar das novas relações entre o político e o religioso que teriam configurado o lugar específico do poder na democracia moderna.[51] Em última instância, trata-se novamente

---

49 O livro *Meditações Pascalianas*, inclusive, constituía uma espécie de homenagem a Louis Marin, segundo Roger Chartier. As formulações de Bourdieu acerca dos "campos" guarda evidente analogia com as "ordens de grandeza" pascalianas, que são, inclusive, indicadas pelo próprio autor. Conferir, respectivamente, CHARTIER, Roger. "Pierre Bourdieu e a história". In: ____; BOURDIEU, Pierre. *O sociólogo e o historiador*. Belo Horizonte: Autêntica, 2015, p. 114. BOURDIEU, Pierre. *Meditações pascalianas*. Rio de Janeiro: Bertrand, 2001, p. 26.

50 É claro que a noção de *habitus* foi também utilizada em contraposição à abordagem estrutural pela tentativa de revalorizar o papel ativo dos atores sociais, como Bourdieu ressaltou várias vezes. O espaço deixado à subjetividade individual, entretanto, conformada na relação entre o lugar ocupado no espaço social de posições objetivas e o *habitus* como disposições incorporadas, receberia críticas por supervalorizar a dimensão sociológica, pois ainda deixaria uma margem estreita para as "estratégias verdadeiramente estratégicas", ou mesmo para os conflitos e tensões que envolvem a negociação do sujeito com seu próprio passado. Conferir CLOT, Yves. "La otra ilusion biográfica". *Acta Sociológica*, n. 26, p. 129-134, sepitiembre-diciembre de 2011.

51 Refiro-me ao texto LEFORT, Claude. "Permanence du théologico-politique". In: ____. *Essais sur le politique (XIXe-XXe siècles)*. Paris: Seuil, 1986, p. 251-300.

da vinculação entre certo imaginário político como forma de representação do poder e a escrita da história, tendo em vista que a recusa de Michelet do fundamento teológico-político identificado como forma de encarnação do poder no Antigo Regime não impediu sua permanência em novos moldes em seus próprios escritos, indicando, inclusive, a fragilidade da oposição que ele mesmo havia estabelecido entre o cristianismo e a Revolução Francesa.

A permanência de formas de religiosidade que vigoravam sob o Antigo Regime não impediria Lefort de ressaltar aspectos novos na escrita histórica de Michelet, na qual a figuração do povo e outras entidades como a pátria, a nação e a humanidade era vista como já indicativa da impossibilidade de incorporação do poder característica das formas de instituição do social da *revolução democrática*. Lefort buscaria uma leitura mais matizada ao destacar a enorme sensibilidade da análise de Michelet sobre o "mistério da encarnação da monarquia", capaz de evidenciar, até mesmo, os limites da aplicação empírica do modelo de Ernst Kantorowicz sobre os dois corpos do rei, por reconstituir todo um "registro erótico-político" de identificação dos súditos com o monarca. Esse registro, em Michelet, obedeceria não apenas à retomada dos termos jurídicos ou teológico-jurídicos das teorias medievais sobre o duplo corpo de Cristo, mas o conjugaria com a percepção da humanidade do soberano, do caráter sexuado de seu corpo como "corpo amoroso", "corpo falível", que efetuaria uma "mediação inconsciente entre o divino e o humano".[52] A descrição de Michelet do julgamento de Luís XVI, seu sofrimento, sua aparição como um qualquer, apanhado na insignificância do cotidiano, ao mesmo tempo em que indicava um modo específico de sua reintrodução na figura do monarca, seria também o principal exemplo dessa capacidade de Michelet de ser "um dos raros pensa-

---

52 LEFORT, Claude. *Essais sur le politique (XIXe-XXe siècles)*. Paris: Seuil, 1986, p. 287. (Tradução livre)

dores de seu tempo a reconhecer a função simbólica do poder na *mise en forme* das relações sociais".[53]

Assim como no caso de Rancière, a interpretação de Lefort formulava uma crítica, mesmo que implícita, a concepções como a de François Furet sobre a Revolução Francesa, indicando que não se deveria opor a escrita histórica de Michelet, tomada como ideológica, a uma história conceitual, presente na obra de Tocqueville.[54] Colocado na esteira de uma tradição que, remontando a Michelet, seria denominada de forma genérica como "nova história", François Furet foi também um dos principais alvos da crítica de Rancière às conformações poéticas de uma historiografia supostamente conservadora, que emudecia o excesso de palavras característico da época democrática, falando em nome dos sujeitos do passado e, portanto, os silenciando (os mortos). Não se poderia deixar de questionar, entretanto, se a tentativa de Rancière de relativizar o olhar que busca no passado as condições de possibilidade dos acontecimentos, retirando qualquer imprevisibilidade do esforço poético de interpretação, quando levada ao extremo, não tenderia justamente a negligenciar as condições de incerteza vivenciadas pelos sujeitos históricos, principalmente quando confrontados com eventos extraordinários como aqueles que envolveram a Revolução Francesa.

Desse ponto de vista, a análise de Michelet, conforme explorada por Lefort, não pareceria, em pontos determinados, até mais atenta do que a de Rancière à imprevisibilidade dos eventos revolucionários? Fortemente crítica das interpretações centradas nas

---

53 *Ibidem*, p. 284. (Tradução livre)

54 *Ibidem*, p. 284. Para a formulação de Furet sobre a oposição entre uma história ideológica (sem conceitos) e outra sociológica (conceitual) da Revolução Francesa em Michelet e Tocqueville, respectivamente, conferir FURET, François. *Pensando a Revolução Francesa*. Rio de Janeiro: Paz e Terra, 1989, p. 28. Para as críticas de Rancière a Furet, conferir RANCIÈRE, Jacques. *Les noms de l'histoire. Essai de poétique du savoir*. Paris: Seuil, 1992, p. 79 ss.

intenções dos agentes, assim como François Furet, Mona Ozouf analisou as festas revolucionárias também exploradas por Michelet e não deixou de reconhecer que o historiador francês teria sido o único a perceber a relação entre aquelas festividades e o sentimento de angústia.[55] Trata-se, no caso de Ozouf, da mobilização de uma perspectiva densamente antropológica e psicanalítica de estudo das festas para permitir a reconstrução do sentido de imprevisibilidade vivenciado pelos próprios sujeitos da experiência passada, ressaltando não seu controle da história pela formulação de narrativas explícitas ou as projeções de futuro conscientes de seus organizadores, mas os desejos de controle da imponderabilidade dos acontecimentos que se expressavam, por exemplo, na repetição do ritual, na valorização do discurso em relação às representações cênicas e na elaboração de um cerimonial de juramento de ódio à realeza e devoção à Republica somente compreensível pelo medo crescente de um retorno à época da monarquia. Assim, todo um vocabulário de conceitos psicanalíticos, como "ruminação", "neurose" e "histeria", fundamentaria a análise de Ozouf da festa de comemoração do julgamento de Luís XVI, deslocando para o plano do imaginário aquilo que poderia ser explicado pelos projetos políticos dos planejadores das festividades.[56]

Caberia perguntar, como Rancière, repercutindo as críticas de Michel de Certeau à história das mentalidades, qual o lugar de fala dessa historiografia que, tratando das condições de possibilidade que reconstituem todo um imaginário, retira qualquer grau de novidade do evento revolucionário. Nesse caso, talvez fosse impor-

---

55 OZOUF, Mona. "A festa sob a Revolução Francesa". In: LE GOFF, Jacques; NORA, Pierre. *História: novos objetos*. Rio de Janeiro: Francisco Alves, 1976, p. 223.

56 Conferir também OZOUF, Mona. *La fête révolutionnaire, 1789-1799*. Paris: Gallimard, 1976. Analisei alguns aspectos da interpretação de Ozouf em MARCELINO, Douglas Attila. "Os funerais como liturgias cívicas: notas sobre um campo de pesquisas". *Revista Brasileira de História*, v. 31, p.125-144, 2011.

tante diferenciar a valorização da imprevisibilidade como ponto de partida da interpretação dos acontecimentos passados, que configura uma forma específica de composição poética (ou teórica?) da narrativa histórica, do enfoque nas incertezas experimentadas pelos próprios agentes, sem o qual o anacronismo que é condição da escrita da história poderia assumir colorações impeditivas justamente da busca de uma relação com o outro (o passado) atenta à radicalidade de sua diferença, aspecto tão caro a Michel de Certeau. Torna-se um desafio, portanto, a elaboração de uma escrita histórica não apenas que valorize o "choque perturbador" que torna os eventos do presente imprevisíveis para os homens do passado, mas que o faça considerando as estruturas de sua própria composição poética (ou teórica) como elementos que permitem formular um olhar atento à imprevisibilidade daquele mesmo passado, sem o que qualquer possibilidade de irrupção do novo se tornaria obscurecida, conformando uma escrita que, sempre em busca apenas das condições de possibilidade da ocorrência dos eventos, correria o risco de apagar seu próprio lugar de fala.

Considerações finais

Entre uma "poética da ausência" (Catroga) e uma "poética do saber" (Rancière)?

As comparações entre as obras de Rancière e Lefort permitem perguntar, pelo menos no que diz respeito às leituras sobre Michelet, se aquele último não pareceu mais atento às complexas relações históricas entre descontinuidades e permanências, indicando tanto a novidade quanto a presença de antigos fundamentos teológico-políticos na escrita micheletiana sobre a Revolução. As análises de Lefort sobre a presença do religioso nas democracias modernas, entretanto, parecerão bastante amplas se confrontadas com estudos mais atentos às particularidades nacionais. Embora o tema da sacralização do político seja objeto de uma extensa bibliografia, torna-se interessante destacar, novamente, os estudos de Fernando Catroga sobre religião civil, que poderão servir para retomar as discussões sobre uma poética do saber de Jacques Rancière.[1] Note-se que o historiador português também tratou das complexas relações entre morte política e formas de incorporação do poder em texto específico, conforme se pode notar em seu estudo sobre o tiranicídio,[2] além das já mencionadas reflexões diversas sobre as relações entre a escrita histórica e os ritos de recordação. As comparações entre a historiografia e as práticas de natureza tanatológica, sintetizadas na fórmula "poética da ausência", podem ser confrontadas com proveito com aquilo que Jacques Rancière chamou de "poética do saber".

Tratando do tiranicídio na longa duração, desde a apropriação e do teor pejorativo conferido à palavra *tirania* (de origem oriental) pelo mundo greco-romano até suas conformações modernas, Catroga analisou a morte de Luís XVI por meio dos novos vínculos estabelecidos entre o político e o religioso.[3] A conformação das filosofias da história, a republicanização dos valores *res publicanos*, entre outros, foram alguns dos elementos que produziram a convergência entre tiranicídio e regicídio, que permitiu a condenação da própria monarquia como instituição. Nessa interpretação, também não se tratava apenas da morte física do rei, mas da tentativa de desconstrução simbólica de uma forma determinada de incorporação do poder, que caracterizou as religiosidades cívicas ligadas ao chamado processo de "secularização". Não cabe retomar este tema, já ressaltado, mas apontar os vínculos entre sua atenção às religiões civis secularizadas

---

1 Conferir, entre outros, CATROGA, Fernando. *Nação, mito e rito.* Fortaleza: Museu do Ceará, 2005. CATROGA, Fernando. *Entre Deuses e Césares. Secularização, laicidade e religião civil.* Coimbra: Almedina, 2006.

2 CATROGA, Fernando. "Em nome de... a heroicização do tiranicídio". In: MACHADO, Fernando Augusto et al (Orgs.). *Caminhos da cultura em Portugal. Homenagem ao Professor Doutor Norberto Cunha.* Ribeirão/Húmus: Departamento de Filosofia e Centro de Estudos Humanísticos da Universidade do Minho, 2010, p. 125-166.

3 *Ibidem.*

e suas interpretações mais amplas da modernidade, que podem ser importantes na retomada das questões indicadas por Rancière.

Conforme se destacou, em estudos como *Entre Deuses e Césares*, Catroga buscou matizar as teses sobre a modernidade que, numa perspectiva cientificista, postularam um paulatino e inexorável declínio do religioso, assim como aquelas que apostaram num regresso de formas anteriores de sacralidade.[4] Ainda que não estivesse mais amparado num discurso cuja crença no julgamento final e na imortalidade da alma permitia invocar deidades (como aquelas presentes tanto na religião civil de Rousseau quanto nas festas da Revolução, com a figura de Robespierre e o culto do Ser Supremo), o Estado, em vários casos nacionais, continuou a colocar em cena uma espécie de religiosidade cívica, que se mesclaria com a ênfase na educação nacional e que, na França, por exemplo, conformou uma cultura republicana com forte teor laico, mas que não deixou de recorrer a formas de sacralização de entidades imanentes da política (conforme se poderia notar no próprio discurso micheletiano analisado por Lefort e Rancière).

O mais importante é que a indicação da permanência de fundamentos religiosos na cultura republicana não impediu Catroga de ressaltar formas novas de sacralização do político, criticando, inclusive, as leituras que, fundamentadas na noção de invenção das tradições, apostaram numa "antropologia em que a condição humana fica excessivamente reduzida à sua dimensão racional, o que empobrece a compreensão das suas multímodas expressões históricas".[5] Caberia perguntar, nesse caso, se a configuração de uma nova poética da historiografia proposta por Rancière, pela qual a escrita histórica funcionaria como meio de desincorporação

---

4   CATROGA, Fernando. *Entre Deuses e Césares. Secularização, laicidade e religião civil. Uma perspectiva histórica.* Coimbra: Almedina, 2006.

5   *Ibidem*, p. 98.

das comunidades imaginárias, não esbarraria justamente nessa dimensão existencial (poderíamos dizer, memorial) que a aproxima de outros ritos de recordação com fundamento identitário. Ainda que tomada como meta, tal fundamentação não ultrapassaria suas potencialidades críticas, sobrevalorizando seu componente racional em detrimento da função de atender às demandas ontológicas do homem pela criação de corpos coletivos imaginários que permitam justamente lidar com as inseguranças do tempo, da palavra e da morte ressaltadas pelo próprio Rancière?

A especificidade da proposta de Rancière se relaciona com a descontinuidade estabelecida entre corpos coletivos imaginados e comunidades políticas, pela qual estas últimas pareceriam mais autênticas por serem fruto de um trabalho de subjetivação política visando a desincorporação que permite a crítica de construções culturais de natureza mais espontânea. É o que se pode perceber na sua caracterização da identidade de "combatente social":

> Uma identidade de combatente social não é, assim, a expressão de nenhuma "cultura" de algum grupo ou subgrupo. Ela é a invenção de um nome para a tomada em consideração de alguns atos de fala que afirmam ou recusam uma configuração simbólica das relações entre a ordem dos discursos e a ordem dos estados. (...) O conceito de cultura, seja quando o aplicamos ao conhecimento dos clássicos ou à fabricação dos sapatos, só tem como efeito apagar este movimento de subjetivação que se opera no intervalo entre várias nomeações e sua fragilidade constitutiva: a ausência de corpo no lugar da voz, a ausência de voz no lugar do corpo, a falha ou intervalo nos quais passam sujeitos de história. Ele identifica e localiza o que apenas tem seu ser no desvio dos lugares e das identidades.[6]

---

6   RANCIÈRE, Jacques. *Les noms de l'histoire. Essai de poétique du savoir.* Paris: Seuil, 1992, p. 197. (Tradução livre)

Conforme analisamos anteriormente, as relações de continuidade entre as práticas culturais que conferem sentido às coletividades e aquelas de natureza política, como as comemorações cívicas, por exemplo, configuravam pressupostos teóricos relevantes de Fernando Catroga, permitindo confrontá-los com a análise de Rancière aqui indicada. Tal fato não impediria a existência de certas semelhanças entre ambos os autores, ou mesmo que Catroga estivesse atento à dimensão crítica que confere especificidade à história como rito de recordação, tendo em vista o "imperativo ético e deontológico" que obriga o historiador a interrogar-se sobre o que ficou esquecido, desenterrando "os 'esqueletos' escondidos nos armários da memória".[7] Talvez se possa perguntar, nesse caso, se a ênfase na dimensão poética da historiografia não levou Rancière a subvalorizar sua função existencial como rito de recordação, certamente mais enfocada por Fernando Catroga. A crítica de Rancière à ingênua crença de Michelet de que não existiriam vozes sem corpo (já que o esquecimento do caráter linguístico da categoria "povo" permitiria dotar de sentido a História da França), embora procedente, não correria o risco de tornar-se parte do excesso de racionalismo que acompanhou a constituição de novas formas de religiosidade cívica secularizadas?[8] Qual a verdadeira capacidade do discurso histórico de desconstrução das comunidades políticas imaginárias e de promoção de certo ideal de emancipação intelectual?[9]

---

[7] CATROGA, Fernando. "Memória e História". In: PESAVENTO, Sandra Jatahy. *Fronteiras do Milênio*. Porto Alegre: Ed. Universidade/UFRGS, 2001, p. 67.

[8] CATROGA, Fernando. "Em nome de... a heroicização do tiranicídio". In: MACHADO, Fernando Augusto et al (Orgs.). *Caminhos da cultura em Portugal. Homenagem ao Professor Doutor Norberto Cunha*. Ribeirão/Húmus: Departamento de Filosofia e Centro de Estudos Humanísticos da Universidade do Minho, 2010, p. 125-166.

[9] Conferir também RANCIÈRE, Jacques. *O mestre ignorante*. Mangalde: Pedago, 2010.

Sem dúvida, as interrogações de ambos os autores sobre as relações entre a história e a morte remetem para a vocação crítica da historiografia e seu papel na fragilização dos modos diversos de incorporação do poder, permitindo, apesar dos diferentes enfoques, colocar em questão as próprias formas da representação histórica. Estaria a historiografia condicionada por uma complexa relação entre uma "poética da ausência" e uma "poética do saber"? Talvez reflexões sobre a memória, a morte e o poder possam ajudar a pensá-lo, abrindo caminho para uma reflexão sobre o lugar da teoria na escrita da história e permitindo elaborar respostas que, jamais sendo tomadas com as únicas possíveis (afinal, são históricas), poderiam ser conduzidas a partir do diálogo entre diversos campos disciplinares. Afinal, o que significaria o estabelecimento de fronteiras muitos restritas entre os campos de saber se não uma tentativa de imposição de limites e, portanto, de evitar nada mais do que a própria morte?

Referências bibliográficas

ABENSOUR, M. et alii (ed.), *Ontologie et politique. Actes du Colloque Hannah Arendt.* Paris: Ed. Tierce, 1989.

AGAMBEN, Giorgio. *A linguagem e a morte. Um seminário sobre o lugar da negatividade.* Belo Horizonte: UFMG, 2006.

ARENDT, Hannah. *A condição humana.* Rio de Janeiro: Forense Universitária, 2014.

____. "O conceito de história – antigo e moderno". In: ____. *Entre o passado e o futuro.* São Paulo: Perspectiva, 2005, p. 69-126.

____. "Que é autoridade"? In: ____. *Entre o passado e o futuro.* São Paulo: Perspectiva, 2005, p. 127-187.

_____. *Sobre a revolução*. São Paulo: Companhia das Letras, 2011.

ARIÈS, Philippe. *Essai sur l'histoire de la mort en Occident du Moyen Âge à nos jours*. Paris: Seuil, 1975.

_____. *História social da criança e da família*. Rio de Janeiro: Jorge Zahar, 1978.

_____. *L'homme devant la mort*. Paris: Seuil, 1977.

ASSMANN, Aleida. *Espaços da recordação: formas e transformações da memória cultural*. Campinas: Unicamp, 2011.

ASSMANN, Jan. *La mémoire culturelle. Écriture, souvenir et imaginaire politique dans les civilisations antiques*. Paris: Flammarion, 2010.

_____. *Religion and cultural memory: ten studies*. Stanford: Stanford University Press, 2006.

AUGÉ, Marc. *Les formes de l'oubli*. Paris: Payot & Rivages, 2001.

BACZKO, Bronislaw. *Les imaginaires sociaux*. Paris: Payot, 1987.

BAUDRILLARD, Jean. *A troca simbólica e a morte*. Lisboa: Edições 70, 1997.

BENVENISTE, Emile. *Problèmes de linguistique générale*. Paris: Gallimard, 1966.

BERNARDES, Joana Duarte. *Para além da imaginação histórica: memória, morte, phantasia*. Tese de doutoramento em História - Faculdade de Letras da Universidade de Coimbra, 2004.

BIGNOTTO, Newton. *Pensar a República*. Belo Horizonte: UFMG, 2000.

_____.; MORAES, Eduardo Jardim de. *Hannah Arendt: diálogos, reflexões, memórias. Belo Horizonte: UFMG, 2001.

BLANCHOT, Maurice. "A literatura e o direito à morte". In: ____. *A parte do fogo*. Rio de Janeiro: Rocco, 1997, p. 289-330.

____. *L'espace littéraire*. Paris: Gallimard, 1955.

BONNET, Jean-Claude. "Les morts illustres. Oraison funèbre, éloge académique, nécrologie". In: NORA, Pierre (Dir.). *Les lieux de mémoire. La Nation. L'idéel. La Gloire*. Paris: Gallimard, 1997, p. 1831-1854.

____. *Naissance du panthéon. Essai sur le culte des grands hommes*. Paris: L'Esprit de la Cité/Fayard, 1998.

BORGES, Anselmo. *Corpo e transcendência*. Coimbra: Edições Almedina, 2011.

BOURDIEU, Pierre. *A distinção: crítica social do julgamento*. São Paulo: Edusp, 2008.

____. *Langage et pouvoir symbolique*. Paris: Seuil, 2001.

____. *Les règles de l'art: genèse et structure du champ littéraire*. Paris: Seuil, 1998.

____. *O poder simbólico*. Rio de Janeiro: Bertrand Brasil, 2002.

____. *Razões práticas: sobre a teoria da ação*. Campinas: Papirus, 1996.

____. *Meditações pascalianas*. Rio de Janeiro: Bertrand, 2001.

____. *Coisas ditas*. São Paulo: Brasiliense, 1990.

____. *A economia das trocas simbólicas*. São Paulo: Perspectiva, 2013.

____. *A ontologia de Martin Heidegger*. Campinas: Papirus, 1989.

_____. *A produção da crença: contribuição para uma economia dos bens simbólicos*. Porto Alegre: Zouk, 2014.

CANDAU, Joël. *Antropologie de la mémoire*. Paris: PUF, 1996.

_____. *Memória e identidade*. São Paulo: Contexto, 2011.

CARRARD, Philippe. "History as a kind of writing: Michel de Certeau and the poetics of historiography". *Historical reflextions/ Reflexions Historiques*, v. 15, n. 3, 1988.

CARVALHO, Paulo Archer de. "Filosofia, *anamnésis* e história. Uma vi(d)a da *sagesse*". In: GARNEL, Rita; OLIVA, João Luís (orgs.). GARNEL, Rita; OLIVA, João Luís (Orgs.). *Tempo e história, ideias e políticas: estudos para Fernando Catroga*. Coimbra: Almedina, 2015, p. 73-88.

CASTORIADIS, Cornelius. *A instituição imaginária da sociedade*. Rio de Janeiro: Paz e Terra, 1982.

_____. *A ascensão da insignificância*. Lisboa: Editorial Bizâncio, 2012.

_____. *Figuras do pensável. As encruzilhadas do labirinto*. Rio de Janeiro: Civilização Brasileira, 2004.

CATROGA, Fernando. "A importância do positivismo na consolidação da ideologia republicana em Portugal". *Biblios*, Coimbra, 1977, p. 285-327.

_____. "A cremação na época contemporânea e a dessacralização da morte: o caso português". *Revista de História das Ideias*, v. 8, 1986, p. 223-268.

_____. *A formação do movimento republicano (1870-1883)*. Coimbra: FLUC, 1982. (mimeo)

____. *A geografia dos afectos pátrios. As reformas político-administrativas (séc. XIX-XX)*. Coimbra: Almedina, 2013.

____. "A monumentalidade funerária como símbolo de distinção social". In: *Os brasileiros de torna-viagem* (Comissão Nacional para as Comemorações dos Descobrimentos Portugueses), 2000, p. 167-179.

____. "A República una e indivisível (No princípio era a Província)". *Revista de História das Ideias*, Coimbra, v. 27, p. 275-345, 2007.

____. "Ainda será a história mestra da vida"? *Estudos Ibero-Americanos*. PUCRS, Edição Especial, n. 2, 2006, p. 7-34.

____. *Antero de Quental. História, socialismo, política*. Lisboa: Editorial Notícias, 2001.

____. "As comemorações dos descobrimentos". In: *O Orientalismo em Portugal, Séculos XVI-XX*. Lisboa: Comissão Nacional para as Comemorações dos Descobrimentos Portugueses, 1999, p. 197-239.

____. "Caminhos do fim da história". *Revista de História das Ideias*, v. 23, 2002.

____. "Decadência e regeneração no imaginário do republicanismo português dos finais do século XIX". In: *Los 98 Ibéricos y el Mar, Torre do tombo, Lisboa (27-29 de Abril de 1998)*. Madrid: Comisaría General de España/Expo '98 – Lisboa, 1988, p. 423-445.

____. "Em nome da nação". In: ____.; ALMEIDA, Pedro T. de (Orgs.). *Res Publica. Cidadania e representação política em Portugal 1820-1926*. Lisboa: AR/BNP, 2010, p. 20-50.

____. "Em nome de... a heroicização do tiranicídio". In: MACHA-

DO, Fernando Augusto et al (Orgs.). *Caminhos da cultura em Portugal. Homenagem ao Professor Doutor Norberto Cunha*. Ribeirão/Húmus: Departamento de Filosofia e Centro de Estudos Humanísticos da Universidade do Minho, 2010, p. 125-166.

____. *Ensaio respublicano*. Lisboa: Fundação Francisco Manuel dos Santos, 2011.

____. *Entre Deuses e Césares. Secularização, laicidade e religião civil. Uma perspectiva histórica*. Coimbra: Almedina, 2006.

____. "Heterodoxias e resistências no último rito de passagem: os funerais civis antes da República". *Ler História*, n. 33, 1997, p 115-140.

____. *História, memória e historiografia*. Coimbra: Quarteto, 2001.

____. "La laïcité: un modele pour l'Europe du sud? Les expériences historiques du Portugal et de l'Italie à la lumière d ucas français". In: *La laïcité dans le monde ibérique, ibéroaméricain et méditerranéen: idéologies, institutions et pratiques*. Paris: Ed. Thomas Gomez/Publidix Université Paris X, 2006, p. 33-51.

____. "La religiosité civique du republicanisme durant la période de propagande". In: *La Révolution Française vue par les portugais*. Paris: Fundação Calouste Gulbenkian, 1990, p. 72-82.

____. "Laicização e democratização da necrópole em Portugal (1756-1911)". *Cultura, História e Filosofia*, v. 6, 1987, p. 453-504.

____. "Memória e História". In: PESAVENTO, Sandra Jatahy. *Fronteiras do milênio*. Porto Alegre: Ed. Universidade/UFRGS, 2001.

____. *Militância laica e descristianização da morte em Portugal (1865-1911)*. Tese de doutorado defendida na Faculdade de Letras da

Universidade de Coimbra, Coimbra, 1988.

____. "Morte romântica e religiosidade cívica". In: MATTOSO, José. *História de Portugal. O Liberalismo.* Lisboa: Círculo de Leitores, 1993, p. 545-561 (v. 5).

____. *Nação, mito e rito. Religião Civil e Comemoracionismo.* Fortaleza: Edições NUDOC/Museu do Ceará, 2005.

____. "Naturaleza y liberdad en el republicanismo português (1851-1911)". *Studia Historica. Historia Contemporánea,* Salamanca, v. 8, p. 37-63, 1990.

____. *O céu da memória. Cemitério romântico e culto cívico dos mortos em Portugal (1756-1911).* Coimbra: Minerva, 1999.

____."O culto cívico de D. Pedro IV e a construção da memória liberal". *Revista de História das Ideias,* Coimbra, v. 12, p. 445-470, 1990.

____. "O magistério da História e a exemplaridade do 'grande homem'. A biografia em Oliveira Martins". In: JIMÉNEZ, Aureio Pérez et al (Coord.). *O retrato e a Biografia como estratégia de teorização política.* Málaga: Imprensa da Universidade de Coimbra/ Universidade de Málaga, 2004, p. 243-287.

____. *O republicanismo em Portugal. Da formação ao 5 de outubro de 1910.* Lisboa: Casa das Letras, 2010.

____. "O valor epistemológico da história da história". In: RIBEIRO, Maria Manuela Tavares (coord.). *Outros combates pela história.* Coimbra: Imprensa da Universidade de Coimbra, 2010.

____. "Os cem anos do 5 de outubro". In: MORAIS, Ana Paiva et al (Orgs.). *Pensar a República, 1910-2010.* Coimbra: Edições Almedina, 2014, p. 351-419.

_____. "Os inícios do positivismo em Portugal: o seu significado político-social". *Revista de História das Ideias*, Coimbra, v. 1, 1977, p. 287-394.

_____. *Os passos do homem como restolho do tempo. Memória e fim do fim da história.* Coimbra: Almedina, 2009.

_____. "Pátria, nação e nacionalismo". In: TORGAL, Luís Reis; PIMENTA, Fernando Tavares; SOUSA, Julião Soares (Orgs.). *Comunidades imaginadas. Nação e Nacionalismos em África*. Coimbra: Imprensa da Universidade de Coimbra, 2008, p. 9-39.

_____. "Portugal como 'corpo' e 'alma' (sécs. XIX/XX). Uma revisitação sintética". *Revista de História das Ideias*, Coimbra, v. 28, p. 245-275, 2007.

_____. "'Quimeras de um façanhoso império': o patriotismo constitucional e a independência do Brasil". In: _____.; HERMANN, Jacqueline; AZEVEDO, Francisca L. Nogueira de. *Memória, escrita da história e cultura política no mundo luso-brasileiro*. Rio de Janeiro: FGV, 2012, p. 327-387.

_____. "Religião civil e ritualizações cívicas: o comemoracionismo nas festas nacionais portuguesas. Da Revolução Liberal ao Estado Novo salazarista". In: HOMEM, Amadeu Carvalho; SILVA, Armando Malheiro da; ISAÍA, Artur César (coord.). *A República no Brasil e em Portugal, 1889-1910*. Coimbra: Imprensa da Universidade de Coimbra, 2007, p. 209-270.

_____. "Republicanismos". *Biblios*, Coimbra, v. 8, p. 11-71, 2010.

_____. "Revolução e secularização dos cemitérios em Portugal". In: FLORES, Francisco Moita (Org.). *Cemitérios de Lisboa: entre o real e o imaginário*. Lisboa: Câmara Municipal de Lisboa, 1993, p. 23-34.

____. "Revolução e secularização dos cemitérios em Portugal. Inumistas e cremacionistas". In: COELHO, António Matias (coord.). *Atitudes perante a Morte*. Coimbra: Minerva, 1991, p. 95-176.

____. "Secularização e laicidade. Uma perspectiva histórica e conceptual". *Revista de História das Ideias*, v. 25, 2004, p. 51-127.

____. "Secularização e laicidade: a separação das Igrejas e da Escola". In: PINTASSILGO, Joaquim et al (Orgs.) *História da escola em Portugal e no Brasil. Circulação e apropriação de modelos culturais.* Lisboa: Edições Colibri/Centro de Investigações em Educação da Faculdade e Ciências da Universidade de Lisboa, 2006, p. 13-40.

____. "Secularização e o retorno do religioso". Entrevista concedida ao *Diário do Nordeste*, 9/10/2006.

____.; FERREIRA, Marieta de Moraes. "Entrevista a Fernando Catroga". *Revista Brasileira de História*, v. 29, n. 58, dez. 2009, p. 469-487.

____.; TORGAL, Luis Reis; MENDES, José Amado. *História da história em Portugal. Séculos XIX-XX.* Lisboa: Círculo de Leitores, 1996.

CEFAÏ, Daniel. "Expérience, culture et politique". In: ____ . (dir.). *Cultures politiques*. Paris: PUF, 2001, p. 93-116.

CERTEAU, Michel de. *L'écriture de l'histoire*. Paris: Gallimard, 1975.

____. *Histoire et psychanalyse. Entre science et fiction.* Paris: Gallimard, 2002.

____. "Lacan: une éthique de la parole". In: ____. *Histoire et psychanalyse. Entre science et fiction.* Paris: Gallimard, 2002, p. 239-268.

____. *L'invention du quotidien. 1. Arts de faire*. Paris: Gallimard, 1990.

____. *La culture au pluriel*. Paris: Seuil, 1993.

____. *Le lieu de l'autre. Histoire religieuse et mystique*. Paris: Seuil/Gallimard, 2005.

____. *L'étranger ou l'union dans la différence*. Paris: Seuil, 2005.

WARD, Graham (edit.). *The Certeau Reader*. Oxford: Blackwell Publishers, 2000.

CEZAR, Temístocles. "Varnhagen não leu Capistrano. Ensaio sobre uma experiência narrativa (anacrônica)". In: GARNEL, Rita; OLIVA, João Luís (Orgs.). *Tempo e história, ideias e políticas: estudos para Fernando Catroga*. Coimbra: Almedina, 2015, p. 271-288.

CHARTIER, Roger. "Le monde comme représentation". *Annales E. S. C*, n. 6, p. 1505-1520, nov. 1989.

____. *A história cultural: entre práticas e representações*. Lisboa: Difel, 1988.

____. "Poder e limites da representação. Marin, o discurso e a imagem". In: ____. *À beira da falésia. A história entre certezas e inquietudes*. Porto Alegre: UFRGS, 2002, p. 163-180.

____. "Pierre Bourdieu e a história". In: ____; BOURDIEU, Pierre. *O sociólogo e o historiador*. Belo Horizonte: Autêntica, 2015, p. 87-134.

CHÂTELET, François. *La naissance de l'histoire*. Paris: Minuit, 1962 (v. 1).

CHIGNOLA, Sando. "Historia de los conceptos e historiografia del discurso político". *Res Publica*, 1, 1998, p. 7-33.

CLOT, Yves. "La otra ilusion biográfica". *Acta Sociológica*, n. 26, p.

129-134, sepitiembre-diciembre de 2011.

CONNERTON, Paul. *Como as sociedades recordam*. Lisboa: Celta, 1999.

CORBAIN, Alain. "Préface". In: FUREIX, Emmanuel. *La France des larmes: deuils politiques à l'âge romantique (1814-1840)*. Seyssel: Éditions Champ Vallon, 2009, p. 9-11.

CRÉPON, Marc. *The thought of death and the memory of war*. Minneapolis: University of Minnesota Press, 2013.

DÉCHAUX, Jean-Hugues. *Le souvenir des morts. Essai sur le lien de filiation*. Paris: PUF, 1997.

DÉLACROIX, Christian et al. *Michel de Certeau. Les chemins d'histoire*. Bruxelles: Complexe, 2002.

DELUERMOZ, Quentin. "Les utopies d'Elias. La longue durée et le possible". In: ELIAS, Norbert. *L'utopie*. Paris: La Découverte, 2014, p. 5-29.

DERRIDA, Jacques. *Apories. Mourir – s'attendre aux "limites de la vérité"*. Paris: Galilée, 1996.

DETIENNE, Marcel. *Mestres da verdade na Grécia Arcaica*. São Paulo: Martins Fontes, 2013.

DOSSE, François. *História e ciências sociais*. São Paulo: Edusc, 2004.

____. *Paul Ricoeur, Michel de Certeau. L'histoire: entre le dire et le faire*. Paris: L'Herne, 2006.

____. *Michel de Certeau. Le marcheur blessé*. Paris: La Découverte, 2007.

____.; GOLDENSTEIN, Catherine (dir.). *Paul Ricoeur: penser la mémoire*. Paris: Seuil, 2013, p. 135-147.

DREIZIK, Pablo (Org.). *Lévinas y lo político*. Buenos Aires: Prometeo Libros, 2014.

DUARTE, André. "Hannah Arendt e a modernidade: esquecimento e redescobrimento da política". *Trans/Form/Ação*, São Paulo, n. 24, 2001.

DUSO, Giuseppe. "Historia conceptual como filosofía política". *Res Publica*, 1, 1998, p. 35-71.

DUTRA, Eliana Freitas. "História e culturas políticas: definições, usos, genealogias". *Varia história*, Programa de Pós-Graduação em História da UFMG, n. 29, p. 13-28, 2002.

____. "A memória em três atos: deslocamentos interdisciplinares". *Revista USP*, São Paulo, n. 98, p. 69-86, junho/julho/agosto 2013.

____.; CAPELATO, Maria Helena Rolim. "Representação política: o reconhecimento de um conceito na historiografia brasileira". In: CARDOSO, Ciro Flamarion e MALERBA, Jurandir (orgs.). *Representações. Contribuições a um debate transdisciplinar*. Campinas: Papirus, 2000, p. 227-267.

ECO, Umberto. *A biblioteca*. Lisboa: Difel, 1987.

ELIAS, Norbert. *A sociedade de corte: investigação sobre a sociologia da realeza e da aristocracia de corte*. Rio de Janeiro: Zahar, 2001.

____. *A sociedade dos indivíduos*. Rio de Janeiro: Zahar, 1994.

____. *A solidão dos moribundos, seguido de Envelhecer e morrer*. Rio de Janeiro: Zahar, 2001.

____. *O processo civilizador: formação do Estado e civilização*. Rio de Janeiro: Zahar, 1993.

____. *O processo civilizador: uma história dos costumes*. Rio de Janeiro: Zahar, 1994.

____. *Sobre o tempo*. Rio de Janeiro: Zahar, 1998.

____. *Escritos & ensaios. 1: Estado, processo, opinião pública*. Rio de Janeiro: Zahar, 2006.

FAVRE, Robert. *La mort dans la littérature et la pensée françaises au siècle des Lumières*. Lyon: Presses universitaires de Lyon, 1978.

FINLEY, Moses I. *L'invention de la politique: démocratie et politique en Grèce et dans la Rome républicaine*. Paris: Flammarion, 1985.

FREUD, Sigmund. "Considerações atuais sobre a guerra e a morte (1915)". In: ____. *Obras Completas: Introdução ao narcisismo, ensaio e metapsicologia e outros textos (1914-1916)*. São Paulo: Companhia das Letras, 2010, 209-246.

____. *O mal-estar na civilização*. São Paulo: Peguin Classics Companhia das Letras, 2011.

FUREIX, Emmanuel. *La France des larmes: deuils politiques à l'âge romantique (1814-1840)*. Seyssel: Éditions Champ Vallon, 2009.

FURET, François. *Pensando a Revolução Francesa*. Rio de Janeiro: Paz e Terra, 1989.

GADAMER, Hans-Georg. "La mort comme question". In: MADISON, Gary Brent (dir). *Sens et existence: en hommage a Paul Ricoeur*. Paris: Seuil, 1975.

GAGNEBIN, Jeanne Marie. *Sete aulas sobre linguagem, memória e história. Rio de Janeiro: Imago, 2005.

____. *Lembrar escrever esquecer*. São Paulo: Editora 34, 2009.

GARNEL, Rita; OLIVA, João Luís (orgs.). GARNEL, Rita; OLIVA, João Luís (Orgs.). *Tempo e história, ideias e políticas: estudos para Fernando Catroga*. Coimbra: Almedina, 2015.

GAUER, Ruth M. Chittó. "Os mitos (des)naturalizados pela História". In: GARNEL, Rita; OLIVA, João Luís (Orgs.). *Tempo e história, ideias e políticas: estudos para Fernando Catroga*. Coimbra: Almedina, 2015, p. 147-163.

GEERTZ, Clifford. *A interpretação das culturas*. Rio de Janeiro: Zahar, 1978.

____. "Centros, reis e carisma: reflexões sobre o simbolismo do poder". In: ____. *O saber local: novos ensaios em antropologia interpretativa*. Petrópolis: Vozes, 2009, p. 182-219.

GENNEP, Arnold van. *Les rites de passage*. Paris: Picard, 1981.

GIARD, Luce. "Un chemin non tracé». In: CERTEAU, Michel de. *Histoire et psychanalyse. Entre science et fiction*. Paris: Gallimard, 2002, p. 9-50.

____. "Mystique et politique, ou l'institution comme objet second". In: ____.; MARTIN, Hervé; REVEL, Jacques. *Histoire, mystique et politique*. Grenoble: Jérôme Millon, 1991, p. 9-45.

____. "Histoire d'une recherche". In: CERTEAU, Michel de. *L'invention du quotidien. 1. Arts de faire*. Paris: Gallimard, 1990, p. I-XXIX.

____.; MARTIN, Hervé; REVEL, Jacques. *Histoire, mystique et politique*. Grenoble: Jérôme Millon, 1991.

GODELIER, Maurice (dir.). *La mort et ses au-delà*. Paris: CNRS Éditions, 2014.

GOMBRICH, Ernst. "In search of cultural history". In: ____. *Ideals & Idols. Essays on values in history and in art*. Oxford: Phaidon, 1979.

GOMES, Angela de Castro. "História, historiografia e cultura política no Brasil: algumas reflexões". In: SOIHET, Rachel; BICALHO, Maria Fernanda B.; GOUVÊA, Maria de Fátima S. *Culturas políticas: ensaios de história cultural, história política e ensino de história*. Rio de Janeiro: MAUAD, 2005, p. 21-44.

GOUHIER, Henri Gaston. *Blaise Pascal: commentaires*. Paris: J. Vrin, 1966.

HABIB, Claude; MOUCHARD, Claude (dir). *La démocratie à l'oeuvre. Autour de Claude Lefort*. Paris: Esprit, 1993.

GUIMARÃES, Manoel Salgado. Cultura histórica oitocentista: a constituição de uma memória disciplinar. In: PESAVENDO, Sandra Jatahy. *História cultural: experiências de pesquisa*. Porto Alegre: Editora da UFRGS, 2003, p. 9-24.

HARTOG, François. *Evidência da história: o que os historiadores veem*. Belo Horizonte: Autêntica Editora, 2011.

____. "La mort de l'Autre: les funérailles des rois scythes". In: VERNANT, Jean-Pierre; GNOLI, Gherardo (dir.). *La mort, les morts dans les sociétés anciennes*. Cambridge: Cambrigde University Press, 1982, p. 143-154.

____. *Le miroir d'Hérodote. Essai sur la représentation de l'autre*. Paris: Gallimard, 1980.

____. *Régimes d'historicité. Présentisme et expérience du temps*. Paris: Le Seuil, 2003.

_____. *Croire en l'histoire*. Paris: Fammarion, 2013.

_____. *Memória de Ulisses. Narrativas sobre a fronteira na Grécia antiga*. Belo Horizonte: UFMG, 2014.

_____. *O século XIX e a história: o caso Fustel de Coulanges*. Rio de Janeiro: UFRJ, 2003.

_____. (Orgs.) *A história de Homero a Santo Agostinho*. Belo Horizonte: UFMG, 2001.

_____. *Os antigos, o passado e o presente*. Brasília: UnB, 2003.

HEIDEGGER, Martin. *Ser e tempo*. Petrópolis: Vozes, 2014.

HUTTON, Patrick. *History as an art of memory*. Hanover: University of Vermont, 1993.

JANKÉLÉVITCH, Vladimir. *La mort*. Paris: Flammarion, 1977.

_____. *Penser la mort?* Paris: Liana Levi, 1994.

JULLIARD, Jacques (dir.). *La mort du roi. Essai d´ethnographie politique comparée*. Paris: Gallimard, 1999.

KANTOROWICZ, Ernst H. *Os dois corpos do rei*. São Paulo: Companhia das Letras, 1998.

KOSELLECK, Reinhart. "A semântica histórico-política dos conceitos antitéticos assimétricos". In: _____. *Futuro passado. Contribuição à semântica dos tempos históricos*. Rio de Janeiro: Contraponto/PUC-Rio, 2006.

_____. *Crítica e crise: uma contribuição à patogênese do mundo burguês*. Rio de Janeiro: EDUERJ/Contraponto, 1999.

_____. *Esbozos teóricos. Sigue teniendo utilidad la história?* Madri: Escolar y Mayo, 2013.

_____. *Estratos do tempo*. Rio de Janeiro: PUC/ Contraponto, 2014.

_____. *Futuro passado. Contribuição à semântica dos tempos históricos*. Rio de Janeiro: Contraponto/PUC-Rio, 2006.

_____. *historia/Historia*. Madri: Editorial Trotta, 2004.

_____. *L'expérience de l'histoire*. Paris: Seuil/Gallimard, 1997.

_____. "La disconinuidad del recuerdo". In: _____. *Modernidad, culto a la muerte y memoria nacional*. Madri: Centro de Estudios Políticos y Constitucionales, 2011, p. 39-51.

_____. "La transformación de los monumentos políticos a los caídos en el siglo XX". In: *Modernidad, culto a la muerte y memoria nacional*. Madri: Centro de Estudios Políticos y Constitucionales, 2011, p. 103-128.

_____. "Monumentos a los caídos como lugares de fundación de la identidade de los supervivientes". In: _____. *Modernidad, culto a la muerte y memoria nacional*. Madri: Centro de Estudios Políticos y Constitucionales, 2011.

_____. *O conceito de história*. Belo Horizonte: Autêntica, 2013.

_____. *The practice of conceptual History. Timing History, spacing concepts*. Standford: Standford University Press, 2002.

LACAN, Jacques. *O seminário, livro 7: a ética da psicanálise*. Rio de Janeiro: Zahar, 1997.

_____. "O simbólico, o imaginário e o real". In: _____. *Nomes-do-pai*. Rio de Janeiro: Zahar, 2005.

_____. *Escritos*. São Paulo: Perspectiva, 2006.

LANDSBERG, Paul Ludwig. *Ensaio sobre a experiência da morte e outros ensaios*. Rio de Janeiro: Contraponto/Puc-Rio, 2009.

LAWERS, Michel. *O nascimento do cemitério. Lugares sagrados e terra dos mortos no Ocidente medieval*. Campinas: Unicamp, 2015.

LEBRUN, Gerard. *Blaise Pascal*. São Paulo: Brasiliense, 1983.

LEFORT, Claude. "Permanence du théologico-politique". In: ____. *Essais sur le politique (XIXe-XXe siècles)*. Paris: Seuil, 1986, p. 251-300.

____. *Essais sur le politique (XIXe-XXe siècles)*. Paris: Seuil, 1986.

____. *L'invention démocratique: les limites de la domination totalitaire*. Paris: Fayard, 1994.

____. *Les formes de l'histoire. Essais d'anthropologie politique*. Paris: Gallimard, 2000.

LEVINAS, Emmanuel. *Dieu, la mort et le temps*. Paris: Éditions Grasset & Fasquelle, 1993.

____. *Totalité et infini: essai sur l'extériorité*. Paris: Kluwer Academic, 2001.

____. *Éthique et infini*. Paris: Fayard, 1994.

LEOPOLDO e SILVA, Franklin. "Introdução". In: PASCAL, Blaise. *Pensamentos*. São Paulo: Martins Fontes, 2000, p. VII-XVI.

LORAUX, Nicole. *A invenção de Atenas*. Rio de Janeiro: Editora 34, 1994.

____. *Les mères en deuil*. Paris: Seuil, 1990.

LYNCH, Christian Edward Cyril. "A democracia como problema:

Pierre Rosanvallon e a escola francesa do político". In: ROSANVALLON, Pierre. *Por uma história do político*. São Paulo: Alameda, 2010, p. 9-35.

MARCELINO, Douglas Attila. "A narrativa histórica entre a vida e o texto: apontamentos sobre um amplo debate". *Topoi: revista de história*, v.13, p. 130-146, 2012.

____. *O corpo da Nova República: funerais presidenciais, representação histórica e imaginário político*. Rio de Janeiro: FGV, 2015.

____. "Os funerais como liturgias cívicas: notas sobre um campo de pesquisas". *Revista Brasileira de História*, v. 31, p.125-144, 2011.

____. "Rituais políticos e representações do passado: sobre os funerais de 'homens de letras' na passagem do Império à República". *Tempo*. Revista do Departamento de História da UFF, v. 22, n. 40, p. 260-282, mai-ago. 2016.

____. "Morte, historiografia, historicidade: sobre as formas do poder e do imaginário". *ArtCultura – Revista de História, Cultura e Arte*, Uberlândia, v. 19, n. 33, p. 143-158, jul.-dez. 2016.

____. "Culto cívico dos mortos e escrita da história: reflexões sobre a obra de Fernando Catroga". *Anos 90*. Revista do Programa de Pós-Graduação em História da UFRGS, v. 23, n. 44, p. 297-323, 2016.

____. "Morte do rei, incorporação do poder e representação histórica: entre uma *poética da ausência* e uma *poética do saber?*" *Revista de História das Ideias*, Universidade de Coimbra, v. 24, p. 121-143, 2016.

____. "Experiências primárias e descontinuidades da recordação: notas a partir de um texto de Reinhart Koselleck". *Tempo & Ar-*

gumento, v. 8, n. 19, p. 338-373, set./dez. 2016.

____. "Cartas à viúva Neves: a dimensão privada da morte presidencial". In: QUADRAT, Samantha Viz (Org.). *Não foi tempo perdido: os anos 80 em debate*. Rio de Janeiro: 7Letras, 2014, p. 57-81.

____. "O lugar do 'outro mundo' na percepção da nacionalidade: cartas e pedidos ao 'São Tancredo'". *Revista M. Estudos sobre a Morte, os Mortos e o Morrer*, v. 1, p. 49-74, 2016.

____. "Funerais de presidentes e cultura política republicana". In: DELGADO, Lucilia de Almeida Neves; FERREIRA, Marieta de Moraes. (Orgs.). *História do Tempo Presente*. Rio de Janeiro: FGV, 2014, p. 194-210.

MARCOS, Maria Lucília; CANTINHO, Maria João; BARCELOS, Paulo (Orgs.). *Emmanuel Levinas. Entre reconhecimento e hospitalidade*. Lisboa: Edições 70, 2011.

MARIN, Louis. *Le portrait du roi*. Paris: Minuit, 1981.

____. *De la représentation*. Paris: Seuil/Gallimard, 1994.

____. *La critique du discours: sur la "Logique de Port-Royal" et les "Pensées" de Pascal*. Paris: Minuit, 1975.

MELLOR, Philip A. "Death in high modernity: the contemporary presence and absence of death". In: CLARK, David. *The sociology of death*. Oxford: Blackwell Publishers/Sociological Review, 1996, p. 13-30.

MORIN, Edgar. *O Homem e a morte*. Lisboa: Europa-América, 1976.

MUXEL, Anne. *Individu et mémoire familiale*. Paris: Nathan, 1996.

NOBRE, Sónia. "Bibliografia essencial de Fernando Catroga". In:

GARNEL, Rita; OLIVA, João Luís (Orgs.). *Tempo e história, ideias e políticas: estudos para Fernando Catroga*. Coimbra: Almedina, 2015, p. 623-636.

NORA, Pierre. "Entre mémoire et histoire. La problématique des lieux". In: ____. (dir.). *Les lieux de mémoire. La République*. Paris: Gallimard, 1997, p 23-43.

OLSEN, Niklas. *History in the plural. An introduction to the work of the Reinhart Koselleck*. Nova Iorque/Oxford: Berghahn Books, 2012.

ONCINA, Faustino. "Necrológica del *Outsider* Reinhart Koselleck: el 'historiador pensante' y las polémicas de los historiadores". *Isegoría*, n. 37, 2007, p. 35-61.

____. *Historia conceptual, Ilustración y modernidad*, México, Anthropos Editorial, 2009.

____. "Introducción". In: KOSELLECK, Reinhart. *Modernidad, culto a la muerte y memoria nacional*. Madri: Centro de Estudios Políticos y Constitucionales, 2011, p. IX-LXV.

OZOUF, Mona. "A festa sob a Revolução Francesa". In: LE GOFF, Jacques; NORA, Pierre. *História: novos objetos*. Rio de Janeiro: Francisco Alves, 1976.

____. *La fête révolutionnaire, 1789-1799*. Paris: Gallimard, 1976.

PALTI, E. J. "Ideas, conceptos, metáforas. La tradición alemana de historia intelectual y el complejo entramado del lenguaje". *Res Publica*, 25, 2011, p. 227-248.

____. "Introducción". In: KOSELLECK, R. *Los estratos del tiempo*. Barcelona/Buenos Aires/México, Paidós I.C.E/U.A.B, 2013, p. 9-32.

PASCAL, Blaise. *Pensées*. Paris: Gallimard, 1962.

_____. *Pensamentos sobre a política: três discursos sobre a condição dos poderosos*. São Paulo: Martins Fontes, 1994.

PASTOR, Jean Philippe. *Castoriadis: la création des possibles*. Paris: Moonstone, 1993.

PIRES, Francisco Murari. *Modernidades tucidideanas*. São Paulo: Edusp, 2007.

PITA, António Pedro. "Fim da história, tempo e experiência". In: GARNEL, Rita; OLIVA, João Luís (Orgs.). *Tempo e história, ideias e políticas: estudos para Fernando Catroga*. Coimbra: Almedina, 2015, p. 61-72.

PLOT, Martín. *The aesthetico-political. The question of democracy in Merleau-Ponty, Arendt, and Rancière*. New York/London: Bloomsbury, 2014.

PORTA, Mario Ariel González. *Estudos neokantianos*. São Paulo: Loyola, 2011.

RANCIÈRE, Jacques. *Le partage du sensible: esthétique et politique*. Paris: La Fabrique-éditions, 2000.

_____. *La haine de la démocratie*. Paris: La Fabrique Éditions, 2005.

_____. "Os enunciados do fim e do nada". In: _____. *Políticas da escrita*. Rio de Janeiro: Editora 34, 1995, p. 227-252.

_____. *Les noms de l'histoire. Essai de poétique du savoir*. Paris: Seuil, 1992.

_____. *O inconsciente estético*. São Paulo: Editora 34, 2009.

_____. *O destino das imagens*. Rio de Janeiro: Contraponto, 2012.

_____. *As distâncias do cinema*. Rio de Janeiro: Contraponto, 2012.

____. *Nas margens do político*. Lisboa: KKYM, 2014.

____. *A fábula cinematográfica*. São Paulo: Papirus, 2014.

____. *O mestre ignorante: cinco lições sobre emancipação intelectual*. Mangalde: Pedago, 2010.

REVEL, Jacques. "Cultura, culturas: uma perspectiva historiográfica". In: ____. *Proposições: ensaios de história e historiografia*. Rio de Janeiro: EdUERJ, 2009, p. 97-137.

RIBEIRO, Renato Janine. "Uma ética do sentido". In: ELIAS, Norbert. *O processo civilizador: formação do Estado e civilização*. Rio de Janeiro: Zahar, 1993.

RICOEUR, Paul. *La mémoire, l'histoire, l'oubli*. Paris: Seuil, 2000.

____. *L'idéologie et l'utopie*. Paris: Seuil, 1997.

____. *Tempo e narrativa 1. A intriga e a narrativa histórica*. São Paulo: Martins Fontes, 2010.

____. *Tempo e narrativa 2. A configuração do tempo na narrativa de ficção*. São Paulo: Martins Fontes, 2012.

____. *Tempo e narrativa 3. O tempo narrado*. São Paulo: Martins Fontes, 2010.

____. *A metáfora viva*. São Paulo: Loyola, 2000.

____. "Vivo até a morte. Do luto e do júbilo". In: ____. *Vivo até a morte, seguido de Fragmentos*. São Paulo: Martins Fontes, 2012, p. 1-51.

____. *Le lectura del tiempo passado: memoria y olvido*. Madrid: UAM Ediciones/Arrecife Producciones, 1999.

RODRIGUES, José Carlos. *Tabu da morte*. Rio de Janeiro: FIOCRUZ, 2006.

ROMILLY, Jacqueline de. *História e razão em Tucídides*. Brasília: UnB, 1998.

ROGERS, Ben. *Pascal: elogio do efêmero*. São Paulo: UNESP, 2001.

RÜSEN, Jörn. "Como dar sentido ao passado: questões relevantes de meta-história". *História da historiografia* (Revista de História da UFOP), n. 2, p. 163-209, mai. 2009.

____. "Emotional forces in historical thinking: some metaphorical reflections and the case of mourning". *Historein*, v. 8, p. 41-53, 2008.

____. "Mourning by History: ideas of a new element in historical thinking". *Historical East and West*, v. 1, n. 1, p. 13-38, 2003.

____. *História viva. (Teoria da História III: formas e funções do conhecimento histórico)*. Brasília: UnB. 2007.

____. *Razão histórica. (Teoria da História: os fundamentos da ciência histórica)*. Brasília: UnB, 2001.

____. *Reconstrução do passado. (Teoria da História II: os princípios da pesquisa histórica)*. Brasília: UnB, 2007.

SCHELER, Max. *Morte e sobrevivência*. Lisboa: Edições 70, 1993.

SCHMITT, Carl. *O conceito de político*. Lisboa: Edições 70, 2015.

SCHOPENHAUER, Arthur. *Sobre a morte. Pensamentos e conclusões sobre as últimas coisas*. São Paulo: Martins Fontes, 2013.

SCHORSKE, Carl. *Pensando com a história*. São Paulo: Companhia das Letras, 2000.

STARLING, Heloísa M. M.; BIGNOTTO, Newton; AVRITZER, Leonardo; Juarez da R. (Orgs.). *Corrupção: ensaios e críticas*. Belo Horizonte: UFMG, 2008.

___.; LYNCH, Christian Edward C. "República/Republicanos". In: JÚNIOR, João Feres (Org.). *Léxico da história dos conceitos políticos do Brasil*. Belo Horizonte: UFMG, 2014, p. 191-207.

THOMAS, Louis-Vincent. *Anthropologie de la mort*. Paris: Payot, 1975.

___. *La mort en question: traces de mort, mort des traces*. Paris: L'Harmattan, 1991.

___. *La muerte: una lectura cultural*. Barcelona/Buenos Aires/México, 1991.

___. *Morte e poder*. Lisboa: Temas e Debates, 2001.

___. *Rites de mort. Pour la paix des vivants*. Paris: Fayard, 1985.

___. *Savoir mourir*. Paris: Éditions L'Harmattan, 1993.

___. *La mort africaine: idéologie funéraire em Afrique noire*. Paris: Payot, 1982.

___. *Le cadavre de la biologie à l'anthropologie*. Bruxelles: Éditions Complexe, 1980.

URBAIN, Jean-Didier. *L'archipel des morts. Le sentiment de la mort et les dérives de la mémoire dans les cimitières d'Occident*. Paris: PLON, 1989.

___. *La société de conservation. Étude sémiologique des cimetières d'Occident*. Paris: Payot, 1978.

VELHO, Gilberto. *Projeto e metamorfose: antropologia das sociedades complexas*. Rio de Janeiro: Jorge Zahar, 2003.

VERNANT, Jean-Pierre. "Introduction". In: ____.; GNOLI, Gherardo (dir.). *La mort, les morts dans les sociétés anciennes*. Cambridge: Cambrigde University Press, 1982, p. 5-15.

____. "La belle mort et le cadavre outragé". In: ____. *L'individu, la mort, l'amour*. Paris: Gallimard, 1989, p. 41-79.

____. "Les cités grecques et la naissance du politique". In: BERSTEIN, Serge; MILZA, Pierre (dir). *Axes et méthodes de l'histoire politique*. Paris: PUF, 1998.

____.; VIDAL-NAQUET, Pierre. *Mito e tragédia na Grécia Antiga*. São Paulo: Perspectiva, 2011.

VILA-CHÃ, João J. "A estrutura meta-ontológica do A-Deus: o Dom da Morte segundo Emmanuel Lévinas". In: BORGES-DUARTE, Irene. *A morte e a origem. Em torno de Heidegger e de Freud*. Lisboa: Centro de Filosofia da Universidade de Lisboa, 2008, p. 279-306.

VILLACAÑAS, José L. "Histórica, historia social e historia de los conceptos políticos". *Res Publica*, 11-12, 2003, p. 69-94.

VOVELLE, Michel. *Mourir autrefois: attitudes collectives devant la mort au 17ème et 18ème siècles*. Paris: Gallimard; Julliard, 1974.

____. *Piété baroque et déchristianisation*. Paris: Seuil, 1978.

WEINRICH, Harald. *Lete. Arte e crítica do esquecimento*. Rio de Janeiro: Civilização Brasileira, 2001.

WHITE, Hayden. *Meta-história. A imaginação histórica no século XIX*. São Paulo: Edusp, 1992.

WORMS, Frédéric. "Vie, mort et survie dans et après La Mémoire, l'Histoire, l'Oubli". In: DOSSE, François; GOLDENSTEIN, Catherine (Dir.). *Paul Ricoeur: penser la mémoire*. Paris: Seuil, 2013, p. 135-147.

YATES, Francis. *A arte da memória*. Campinas: UNICAMP, 2007.

ZIEGLER, Jean. *Les vivants et la mort*. Paris: Seuil, 1975.

Alameda nas redes sociais:

Site: www.alamedaeditorial.com.br
Facebook.com/alamedaeditorial/
Twitter.com/editoraalameda
Instagram.com/editora_alameda/

Esta obra foi impressa em São Paulo no outono de 2017. No texto foi utilizada a fonte Alegreya em corpo 10,5 e entrelinha de 15 pontos.